suhrkamp taschenbuch 770

Fritz J. Raddatz, geboren 1931 in Berlin, ist Professor für Neuere Deutsche Literaturwissenschaft an der Technischen Universität Hannover und lebt als Feuilletonchef der ZEIT in Hamburg. Wichtige Publikationen: *Traditionen und Tendenzen. Materialien zur Literatur der DDR* 1972; *Karl Marx. Eine politische Biographie* 1975; *Heine. Ein deutsches Märchen* 1977; *Revolte und Melancholie* 1979; *Eros und Tod* 1980. Essays, Übersetzungen und Editionen.

Die Gespräche, die Fritz J. Raddatz für die ZEIT mit internationalen Schriftstellern und Politikern führt, werden sehr bewußt nicht »Interview« genannt. Es sind diskursive Erörterungen, streitbare Dispute, in denen gleichberechtigte Gesprächspartner eine Form der Auseinandersetzung gefunden haben. Dabei gelingt Raddatz zweierlei: eine Art intellektuelles Porträt seines Gesprächspartners zu zeichnen, das sich aus dem Frage- und Antwortspiel entwickelt, und die von Lessing bis Brecht tradierte Form der Debatte als gültige Form der Aufklärung zu nutzen. Es handelt sich nämlich weniger um »Werkstattgespräche« – also einen Einblick von außen – als um die Erörterung des stets neu zu definierenden Wirkungsbegriffs der Literatur.

Fritz J. Raddatz
ZEIT-Gespräche 2

Dialoge mit
Wolf Biermann, Efim Etkind,
Max Frisch, Roger Garaudy,
Günter Grass, Ephraim Kishon,
Bruno Kreisky, Günter Kunert,
Siegfried Lenz, Mihajlo Mihajlov,
Czesław Miłosz, Helmut Schmidt,
Karl August Wittfogel

Suhrkamp

suhrkamp taschenbuch 770
Erste Auflage 1982

Quellennachweis für die einzelnen Gespräche am
Schluß des Bandes
Suhrkamp Taschenbuch Verlag

Satz: Philipp Hümmer, Waldbüttelbrunn
Druck: Ebner Ulm
Printed in Germany
Umschlag nach Entwürfen von
Willy Fleckhaus und Rolf Staudt

Inhalt

Wenn ich so dächte wie Kunert, möchte ich lieber tot sein

Gespräch mit Wolf Biermann und Günter Kunert

FJR: Herr Biermann, Ihre neue Platte – letzten Endes eine Art Buch – hat den aggressiven Titel »Eins in die Fresse, mein Herzblatt«. Und Günter Kunerts neuer Gedichtband hat das Gegenklima schon im Titel: »Abtötungsverfahren«. Zeugt das für zwei verschiedene Angänge, Umgänge mit Erfahrung? Sie beide haben sehr ähnliche Erfahrungen in beiden Deutschländern, der eine rausgeschmissen, der andere gegangen worden. Aber bei Biermann doch so ein Biß in die Gegenwart, in die Aktualität hinein; eine kämpferische, zum Teil wütende, zum Teil – wenn ich an das Dutschke-Gedicht denke – sehr traurige, aber immer aktuelle Auseinandersetzung mit Wirklichkeit. Bei Kunert nicht erst jetzt, aber vor allem im neuen Gedichtband ein düsterer Ton, fast abgestorben. Zufall oder Konzept?

BIERMANN: Ihre Frage kann man in zwei Schichten beantworten. An der Oberfläche mag es so sein, wie Sie es von den Titeln ablesen. Wir beide waren in diesem Punkt auch schon in der DDR verschieden. Wenn Sie aber diese beiden Haltungen, wie auch diese beiden Titel, dialektisch lesen, dann enthalten sie ja beide auch ihr Gegenteil in sich selbst; denn Kunert überlebt ja, indem er »Abtötungsverfahren« schreibt. Und Kunert bewahrt sich ja vor der Verzweiflung, indem er seine Verzweiflung artikuliert. Kunert erscheint bei oberflächlicher Betrachtung als der Verzweifelte, der völlig Niedergebeugte – und »kehre, woher ich kam«. Aber ich kenne ihn ja ein bißchen besser ...

KUNERT: ... bitte, bloß nicht: als er sich selber ...

BIERMANN: Nein, nein, nein, obwohl auch das passiert. Über sich selbst kann man sich ja unheimlich irren. Aber er ist ja auch ein Schelm. Er hat ja nicht diese triefende, selbstmitleidige Traurigkeit ...

FJR: Davon war auch nicht die Rede ...

BIERMANN: ... sondern hat eher ein Weltmitleid als ein Selbstmitleid, so kommt es mir vor. Ihm selbst geht es dabei so verzweifelt gar nicht, wie es dem naiven Betrachter erscheinen mag.

FJR: Gut, ich bin also naiv. Sehen Sie sich richtig begriffen, Herr Kunert?

KUNERT: Mir gefällt es, was Biermann sagt, und ich wünschte, es wäre so, dann wäre ich vielleicht ein heiler Mensch, wenn auch die Welt dann nicht heil wäre – ich wäre es dann zumindest. Aber ich glaube eben nicht, daß ich ein heiler Mensch bin. Und es ist so, daß Melancholie oder Depression oder Verzweiflung über einen Weltzustand – der natürlich außerhalb der Person bleibt – häufig begleitet wird von einer Art des Witzigseins, von einer ganz guten Laune, die so über den Wassern schwebt. Aber der Grund darunter sieht doch ein bißchen anders aus. Man kann nicht auf der einen Seite verzweifelt über die Welt sein, auf der anderen Seite vergnügt über sich selber, das ist undenkbar. Insofern finde ich mich doch nur zum Teil richtig charakterisiert.

FJR: Ist in dieser Verzweiflung Bitterkeit, Definitives? Biermann sagt: »Das Niederschreiben der Verzweiflung ist immer auch eine Hoffnung« – das stimmt nicht ganz. Es gibt doch Bitterkeit, Resignation, die, obwohl ein Schriftsteller weiterschreibt, dennoch ein Definitivum ist; das heißt: ein Nicht-mehr-Glauben an Änderbarkeit des Menschen oder der Weltzustände, von denen Sie eben sprachen.

KUNERT: Es gibt ja auch eine Art von heiterer Verzweiflung. Und vielleicht ist sogar die heitere Verzweiflung die endgültigere, das wäre denkbar, weil in einer heiteren Verzweiflung, so wie ich das sehe, eigentlich sehr wenig an Aggressivität steckt und an Unternehmungsgeist oder Energie, diese Verzweiflung abstellen zu wollen oder abstellen zu können. Sie ist vielleicht so eine Art von Rückblick auf etwas, was nicht mehr existent ist, was verschwindet.

FJR: Eine Bilanz?

KUNERT: Ja, ein Resümee, aber ein allgemeines, nicht ein persönliches. Und ich meine auch, daß wir jetzt in eine Situation geraten sind, wo sich diese heitere Verzweiflung leider zu bestätigen anfängt. Und wenn wir zu meinen Gedichten kommen, die Sie für ganz schwarz und absolut pessimistisch halten, dann meine ich eher, daß dies Begriffe sind oder Bezeichnungen, die die Gedichte nicht fassen. Sie sind in meiner Sicht eher realistische – Diagnosen ist schon zuviel gesagt, sie sind ja eigentlich keine analytischen Gedichte, keine diagnostischen – aber sie sind einfach Merkmale einer realistischen Sicht, vielleicht könnte man es so nennen.

FJR: Herr Biermann, das ist eigentlich diametral entgegengesetzt dem Impuls Ihrer Arbeit. Zwei Leute mit einer vergleichbaren Biographie gehen so völlig anders mit ihrer Erfahrung um, produzieren aus ihrer Erfahrung ganz anders.

BIERMANN: Ich glaubte ja nicht, daß Kunert verzweifelte Gedichte schreibt und zu Hause heiter sei, das wäre in der Tat absurd. Aber, wie die Juden sagen: »Mies und gebildet bin ich alleine.« Ich kann mich mit dieser Monopolisierung der Traurigkeit nicht abfinden, sie ärgert mich; so traurig wie Kunert bin ich schon lange, mindestens. Kunert gebrauchte vorhin, um seine Haltung zu kennzeichnen, zwei Worte nebeneinander: Verzweiflung und Melancholie. Für mich sind das aber verschiedene Welten. Verzweifelt bin ich wohl, dazu gibt's ja auch allen Grund, aber Melancholie ist, wenn ich das richtig verstehe, die narzißtische Form der Trauer, die auf einen selbst zurückfällt und nichts mehr in der Welt bewirkt. Und bewirken möchte ich allerdings etwas. Freilich sehe auch ich, daß es tausend Gründe gibt, warum wir zugrunde gehen müssen. Wer das nicht sieht, muß ja wahrscheinlich dafür bezahlt kriegen, daß er es nicht sieht. Aber dennoch denke ich an den Satz von Brecht, den er elegant bei Marx abgeschrieben hat: Das Schicksal des Menschen ist der Mensch. Und ich denke allen Ernstes, wir haben noch eine Möglichkeit.

FJR: Ist so ein Satz »Das Schicksal des Menschen ist der Mensch« nicht inzwischen ein furchtbares Klischee, das eigentlich mit nichts mehr gefüllt ist? Das kann inzwischen genauso gut in der Werbung stehen, etwa für eine Lebensversicherung. Sind Sie ein Menschheits-Versicherungs-Agent?

BIERMANN: Unsinn. Schauen Sie, der Kunert kommt aus einer jüdischen Familie, viele seiner Leute sind umgebracht worden. Ich komme zufällig auch aus so einer Familie, die sind auch umgebracht worden, ich bin der einzige, der noch übrigblieb, von seiten meines Vaters. Und wenn ich mal die Familie etwas weiter fasse, all die Kommunisten, die abgeschlachtet wurden von den eigenen Leuten – von den Nazis sowieso – wenn ich daran denke, unter welchen Mühen solche Leute wie Kunert und ich bis 1945 überhaupt am Leben gehalten wurden – ein Wunder. Und wenn ich daran denke, wie überall in der Welt die Menschen abgeschlachtet werden in Tötungsfabriken, dann will ich nicht das Recht in Anspruch nehmen, mich in die Verzweiflung fallen zu lassen – die so angemessen ist. Und passierte mir eben das dennoch, dann wollte ich auch nicht mehr schreiben. Dann würde ich auch nicht mehr die Mühe auf mich nehmen, ein Wort hinter das andere zu bauen, geschweige denn, mich auf eine Bühne zu stellen und die Leute noch zu beliefern mit Liedern.

FJR: Sie sagen, Sie wollen was bewirken. Was wollen Sie denn bewirken?

KUNERT: Da kommt man jetzt nämlich auf den Punkt.

BIERMANN: Ja, weil du meinst, es sei nichts mehr zu bewirken, und was da zu bewirken sei, könnte diesen Untergang nicht aufhalten.

KUNERT: Nein, ich meine das so eigentlich nicht, sondern ich frage mich, was will man überhaupt bewirken, und was wird aus der Wirkung. Das, glaube ich, ist allerdings eine

Grundfrage. Sind wir nicht in einer Situation – ich stelle es nur als Frage – oder in einer Welt, die ja bereits determiniert ist von ganz bestimmten Denkweisen? Eine Welt, in der ganz bestimmte Lebensweisen bevorzugt oder ersehnt werden; denn die ganze Welt will leider nichts anderes als diese Industriegesellschaft, nur mit 'ner anderen Fahne, kopieren, diese alteuropäische Industriezivilisation. Und ich frage mich, ob, was man in diese Welt wirft oder wovon man glaubt, daß es hier wirkt, ob sich nicht unter dieser Voraussetzung diese Wirkung sofort in ihr Gegenteil verkehrt.

BIERMANN: Aber Günter, entschuldige, lieber Günter, das ist doch nun wirklich eine Allerweltsplattheit, denn das ist doch so alt wie die Menschheit, daß die Menschen mit allem, was sie bewirkt haben, auch in Zeiten, die nicht so dramatisch am Rand der Katastrophe für die Gattung Mensch waren, immer anderes und oft das Gegenteil von dem bewirkt haben, als sie vorhatten. Das ist ja fast das Gesetz des menschlichen Handelns ...

KUNERT: Also wieder »wirken« – aber wie denn, bitte sehr?

BIERMANN: Es trotz alledem versuchen. Freund Marx, was hat denn der bewirkt? Wir haben es ja nun am eigenen Leibe erlebt. Er hat eine Gesellschaft initiiert, in der er selbst auf jeden Fall im KZ gelandet wäre. Aber es gibt ja auch Unstetigkeitsstellen in einer Kurve, wo es ganz anders weiterläuft, und möglicherweise sind wir an solch einer Unstetigkeitsstelle. Aber es ist doch wahr, daß in jeder gesellschaftlichen Fehlentwicklung, Katastrophe, an der Menschen zerrieben werden, auch immer die Kräfte sich entfalten, die neue Wege finden, und du könntest jetzt sagen: eine höhere Form der Katastrophe organisieren. Aber das ist ein alter Gedanke.

FJR: Ein alter Gedanke muß ja noch kein falscher Gedanke sein. Was Sie sagen, klingt im Grunde genommen auch nicht sehr geschichtsoptimistisch, eher geschichtspessimistisch. Wenn Sie aber gleichzeitig sagen: Ich will etwas bewirken, dann liegt darunter ja immer noch ein Stück Gläubigkeit, Menschengläubigkeit, gar Menschensucht oder gar ein Stück Optimismus. Vielleicht der letzte Funke, der bei Ihnen vom Marxismus übriggeblieben ist, seinem Fortschrittsgedanken. Den finden Sie bei Kunert schon lange nicht mehr. Da liegt doch der fundamentale Unterschied.

KUNERT: Meine Frage war ja nicht, ob es noch Menschen oder Gruppierungen gibt, die vielleicht versuchen, aus dieser schleichenden Katastrophe, in der wir uns ja schon befinden, Abhilfe zu schaffen. Darum geht es gar nicht, es geht um etwas anderes. Bisher hat es immer die Hypothese gegeben: die Ideale sind eigentlich nur durch eine schlechte Praxis, durch die Praxis der Schlechten verkehrt worden. Heute ist aber die Frage: ist in dieser materiellen und geistigen Verengung der Welt überhaupt noch eine Alternative denkbar, ist also in diesem Fall die Utopie noch denkbar, als Praxis? Eine Alternative der kleinen Praxis ist ja das sogenannte alternative Leben. Es gibt eine ganze Reihe von Leuten, die meinen, sie könnten Probleme lösen, wenn wir nur alle ins Grüne zögen und unseren Kohl selber anbauten. Das setzt voraus, daß in der Bundesrepublik 40 Millionen Menschen zuviel leben, die erstmal verschwinden müßten auf irgendeine Art, damit die restlichen zwanzig dieses alternative Leben überhaupt führen könnten. Und insofern zielt meine Frage darauf: ist eine positive gesellschaftliche Utopie überhaupt überführbar in eine Praxis ohne die endgültige Zerstörung der Welt, um es ganz kraß zu sagen?

BIERMANN: Ich finde es nötig, aber nicht hinreichend, die tausend Gründe aufzuzählen, warum wir zugrunde gehen müssen. Das zu tun mag nötig sein, auch für den Schriftsteller, und deswegen lese ich auch deine Gedichte. Aber selbst deine traurigsten Gedichte stacheln mich. Ich will mich dagegen aufbäumen. Die hat mich schon immer geärgert, diese Haltung. Bei dir achte ich sie, weil sie mir echt vorkommt, die Verzweiflung. Als modische Schminke ärgert sie mich bei anderen sehr. Ich sehe, wie die Menschen sowohl leiden als auch sich wehren, sowohl verzweifelt sind als auch sich aufbäumen, sowohl ratlos sind und dennoch Rat suchen und sich auch helfen. Wie soll ich leben, wenn ich nicht die Dinge in ihrer Widersprüchlichkeit sehe. Die Widersprüche, wie der Meister sagt, sind die Hoffnungen, und das gilt für mich.

FJR: Da haben Sie genau dieses Wort benutzt: Hoffnung. Welche Hoffnung? Ist Utopie heute nicht zur Illusion verkommen?

BIERMANN: Utopien sind niemals eingelöst worden, das wissen Sie doch! Aber es hat sie dennoch immer gegeben, und es mußte sie geben, weil die Menschen sonst nicht überlebt hätten. Woher nehmen Sie denn die Kühnheit jetzt, der Menschheit zu bescheinigen, daß sie nicht fähig ist, aus diesen begründeten Verzweiflungen nicht neue Kraft und neue Überlegungen und Hoffnungen und Utopien zu finden, mit denen sie ein Stück weiterkommen und sich am Leben erhalten kann. Ich glaube, gerade in dieser Zeit besinnen sich die Völker auf die eigenen Möglichkeiten, auf die Quellen der eigenen Kultur.

KUNERT: Also da muß ich jetzt wirklich widersprechen. Wir erleben auf der ganzen Welt entweder die Vernichtung von ethnischen Minoritäten, der Indianer zum Beispiel in Südamerika. Wir erleben die Schrecken in Afrika. Und wir erleben zugleich, daß es für sie gar kein anderes Modell gibt als das eine auf dieser Welt, Europa, daß sie sich alle dorthin bewegen, daß sie alle eine Industriegesellschaft haben wollen, daß sie alle aufrüsten, daß das erste, was sich ein neuer junger Nationalstaat anschafft, eine Armee ist, eine sehr teure, daß er beginnt mit der Industrialisierung und daß er dann, weil er auf diese Weise seine Grundlagen zerstört hat, von außen ernährt werden muß. Für dieses Europa aber wiederum gilt: Wenn wir selbst noch drei Filter auf irgendeinen Schornstein setzen oder wenn wir die Produktion von irgendeiner Säure verbieten oder das Verklappen der Dünnsäure in der Nordsee einstellen: daß es darum eigentlich nicht mehr geht.

Die primäre Vergiftung – jetzt sage ich gleich etwas ganz Ketzerisches – ist auch eine Wirkung der Aufklärung, also des wissenschaftlichen Zeitalters. Die Menschen haben sich daran gewöhnt, einerseits der Wissenschaft zu vertrauen – der liebe Gott ist nicht mehr existent, jetzt haben wir die Wissenschaft, die macht das alles schon. Du kennst die Leute, ich kenne die Leute auch. Ich bin nicht nur in Buch und in Berlin jeden Tag einkaufen gegangen und habe mit vielen Leuten geredet; das mache ich hier auch, in Itzehoe gehe ich fast jeden Tag einkaufen und spreche mit dem Elektriker oder der Kassiererin bei »Spar«, fast jeden Tag. Ich weiß, was die Leute reden und denken. Jetzt sind sie aufgescheucht, jetzt sind sie verstört, jetzt spüren sie natürlich die Krise, die da ist, eine ökonomische und eine ökologische, und die ökonomische ist ja von der ökologischen bewirkt und ausgelöst. Aber mehr oder minder haben alle dieses Realitätsverhältnis, das die Wissenschaft vorgezeichnet hat, verinnerlicht. Und das ist eigentlich die weitaus größere Katastrophe, weil sie nämlich bei dieser Sichtweise auf die Welt alternative Ideen überhaupt, die vielleicht phantastisch sind, notwendigerweise verhindern muß. Über eines sind wir uns doch alle im klaren: wir gehen zurück in die Steinzeit, da beißt keine Maus einen Faden ab, alle, das kann sich ein bißchen noch hinziehen, irgendwann kommt es. Und wer nicht freiwillig in diese Steinzeit geht, der wird in diese Steinzeit gehen müssen oder in sie gebombt. Die Übrigbleibenden werden ihre Lebenskraft, ihre Lebenssubstanz sich eigentlich nur erhalten können, wenn sie grundlegend anders denken und damit auch anders fühlen können. Und weil ich nicht daran glaube, bin ich kein Optimist und habe auch keine Hoffnung.

FJR: Einmal Inexistenz von Hoffnung – zum anderen: »Wenn die Menschheit nicht endlich lernt ...« Ein ziemlicher Widerspruch.

KUNERT: Das ist eine Chance, an die ich selber nicht mehr glaube.

FJR: Wenn das stimmt, was Kunert über Aufklärung und Rationalismus gesagt hat – historische Denkkategorien, in denen wir ja alle großgeworden sind, dann bleibt natürlich von dem »Biß« bei Ihnen, Biermann, wenig.

BIERMANN: Alles, was Kunert über die Katastrophen ausmalt, in die wir hineinrasen, kann ich in den wissenschaftlichen Publikationen nachlesen. Das ist ja verbreitet, und es ist ja auch wahr. Nur die Tatsache, daß wir hier überhaupt sitzen und darüber reden, daß Herr Raddatz jeden Tag in die Redaktion tigert und seine Zeitung da macht, das macht er ja auch nicht bloß, weil er sein Monatsgeld da immer holen will ...

FJR: ... dazu ist es zu wenig ...

BIERMANN: Und die Tatsache, daß du Gedichte schreibst, die für manche oberflächliche Leser nur schwarz sind, ist ja selbst schon ein Zeichen großer Hoffnung, du kommst nicht davon.

FJR: Wenn schreiben, meinetwegen auch redigieren, inszenieren, liedermachen, heißt, Denkkategorien, Moralkategorien gar, verändern zu können, dann bleibt dennoch die Frage: Schaffen wir das? Was mich daran interessiert, auch für meine eigene Arbeit, ist: Gehen Menschen etwa in einer Zeitungsredaktion anders – besser – miteinander um als »Resultat« beispielsweise der Arbeit von uns dreien? Oder lügen wir uns da was in die Tasche?

BIERMANN: Natürlich machen wir uns was vor. Und alle Menschen, die bisher gelebt haben und was bewirkt haben, haben sich was vormachen müssen, damit sie überhaupt die Kraft hatten, am Morgen aus dem Bett aufzustehen, um nicht zu verfaulen an sich selber.

KUNERT: Aber wenn sie nur aufstehen, um in den Abgrund zu stürzen, meine ich, ist diese Kraft vergeudet.

BIERMANN: Aber dann ist doch deine Kraft vergeudet, das nun auch noch in Worte zu fassen. Dann ist es ja auch nur eitel und Haschen nach Wind.

KUNERT: Nein. Meine Schreibmotive sind ja anders. Ich beabsichtige ja keine Wirkung, ich gehe ja nicht primär von der Wirkung aus.

BIERMANN: Das halte ich für eine Selbsttäuschung, sonst würdest du nicht die Menschheit belästigen mit deinen Büchern.

KUNERT: Das mache ich nicht, um wirken zu wollen.

BIERMANN: Tust du doch, Günter. Und sei es, um diese Menschen in der Seele so tief zu schwärzen wie du glaubst, daß deine Seele sei.

KUNERT: Das Primäre ist, daß man ja schreibt, weil man schreibt, weil man das macht, wenn man es machen muß.

BIERMANN: Ich schreibe nicht, weil ich schreibe, nein.

KUNERT: Also mir geht es jedenfalls so, ich schreibe primär nicht mit der Vorstellung: Hier ist ein Leser, und so will ich auf den wirken. Ich schreibe, weil es eine Art – großes Wort – »Lebensäußerung« ist. Du willst wirken, was du ja auch tust, aber du kennst deine Wirkung auch nur bis zu einem gewissen Grad, du kennst die Wirkung in einem engeren Zirkel, vielleicht einem mittelweiten. Aber deine Lieder oder meine Gedichte oder seine Artikel haben nicht nur diese eindimensionale Wirkung, die man ablesen kann: Jemand liest etwas, sagt, aha: so ist es also. Das Schlimme an dem, was wir machen, ist ja die Ersatzfunktion: daß wir in dem, was wir machen, auch etwas ersetzen beim Leser, ihm etwas abnehmen, was er dann nicht mehr nötig hat zu tun, selber zu leisten.

BIERMANN: Natürlich wird niemand von uns die Welt aus den Angeln heben und die bessere Welt inaugurieren können.

KUNERT: Was ist die bessere Welt? Die Frage ist doch, ist die bessere Welt überhaupt denkbar, außerdem geht es doch auch gar nicht mehr darum, ob eine bessere Welt denkbar ist, sondern ob überhaupt noch denkbar ist, wie unsere Welt weiterexistiert.

BIERMANN: Richtig. Aber es ist ja wohl denkbar, daß wir diese Katastrophe auf irgendeine gute menschliche Weise überleben werden ...

KUNERT: Aber das sind Illusionen ...

BIERMANN: Ja, das sind Illusionen, aber du kennst doch den Satz von Luther, der gesagt hat: Und wenn ich wüßte, daß morgen die Welt untergeht, dann würde ich heute noch einen Baum pflanzen. Dieser Trotz erscheint mir menschlicher und produktiver als das, was du die heitere Verzweiflung nennst. Das klingt sehr ähnlich wie ein Wort von Hölderlin, und Hölderlin darf man hier wohl zitieren, weil, was Verzweiflung betrifft, konnte er es ja mit dir und mir leicht aufnehmen; Hölderlin hat ein besseres Wort gefunden für eine bessere Haltung. Im vorletzten »Hyperion«-Brief gebraucht er das Wort »Heiterkeit ins Leiden«. Das ist schwebender, das faßt mehr die Dialektik von Verzweiflung und Hoffnung, in der wir uns ja immer bewegen. Ich glaube einfach nicht, daß wir aus dem grundlegenden Koordinatensystem, in dem wir uns immer bewegt haben, zwischen Hoffnung und Verzweiflung, herauskommen. Ich will nicht und kann nicht verstehen, daß nur, weil wir jetzt in so einer verzweifelten Lage sind, die Lage verzweifelt sei.

KUNERT: Wir haben eine Grenze überschritten. Gewiß, das

hat es immer gegeben, mal war's ein Volk und eine Nation, mal nur ein Stamm oder eine Rasse. Aber dahinter blieb dann immer noch genügend übrig. Diese Chance ist eben nicht mehr da. Eine der Grenzen ist zum Beispiel die Mengengrenze – wir sind einfach zu viele geworden. Und aus diesem Zuviel entsteht das, was man dialektischen Umschlag nennt. Aus diesem Zuviel nämlich entsteht plötzlich, daß ein eigentlich ganz normaler und nützlicher und auch schöner Vorgang, ein »Akt«, zur Grundlage einer möglichen Katastrophe wird: indem man nämlich Kinder macht, oder daß man sein Essen kochen will, auch eine ganz normale und selbstverständliche Sache. Aber ob wir nun unser Hemd waschen, ob wir unsere Suppe kochen, ob wir unsere Haare schneiden – es wird ins Gegenteil verkehrt, denn unsere Flüsse sind ja unter anderem durch die Waschmittel keine Flüsse mehr, und unsere verpestete Luft ist unter anderem auch darum verpestet, weil sich zu viele Leute ein Süppchen kochen oder die Haare elektrisch schneiden.

BIERMANN: Alles, was du sagst, mag richtig sein, das habe ich alles schon gelesen im Bericht des *Club of Rome*. Ich kann daran nicht zweifeln. Aber ich zweifle daran, daß die Menschen, die ja phantastisch erfinderische Tiere sind, nicht Wege finden zur eigenen Rettung. Denn gerade die Tatsache, daß die Bedrohung so global geworden ist, ist ja mindestens auch ein Element, das den Menschen ins Bewußtsein rückt – da sehe ich übrigens auch unsere Aufgabe als Schriftsteller –, das sie befähigt, sich zu helfen, sich selbst am eigenen Schopfe aus dem Sumpf zu ziehen.

KUNERT: Ich meine es nicht so metaphorisch, sondern ich meine es eigentlich konkreter. Das klingt gut: die Menschen sind phantasievolle und erfindungsreiche Tiere, und wir müssen uns selber am Schopf aus dem Sumpf ziehen. Bitte konkret – wie?

BIERMANN: Konkret? Daß wir zum Beispiel mit der harten

Rute unseres Ölhungers geschlagen, abgeschnitten von den Ölquellen – denn die werden ja nicht ewig fließen – mit dem kalten Hintern in unseren Wohnungen sitzen werden und vielleicht dabei einen heißen Kopf kriegen. Daß wir nicht durch die Überredungskünste der Dichter, die Verführungskünste der Sänger, sondern durch den harten knochigen Zwang der Not gezwungen werden, über uns nachzudenken ...

FJR: Wir werden hier zum Stammtisch, der fragt, wie ersetzen wir Öl durch was. Und von der Windmaschine bis zu »Vielleicht doch ein bißchen Atomkraft« werden gleich alle Antworten auf dem Tisch liegen. Ich möchte zurück zu Ihrer Arbeit mit dem Wort. Es gibt diesen schrecklichen Satz von Tucholsky, ziemlich am Ende seines Lebens: »Ich hatte Erfolg, aber keine Wirkung.« Da liegt unser Thema. Wenn Sie sagen: ich will aber Wirkung – können Sie sie eigentlich an irgend etwas ablesen, außer daß die Leute klatschen und rufen »Sing' doch nochmal den Evergreen von damals«? Wirkung wäre ja was anderes. Viele haben ja auch vom menschlichen Sozialismus geträumt, gar gesungen, für ihn gesungen ...

BIERMANN: ... ich träume immer noch davon.

FJR: Ja eben. Aber Träume sind etwas sehr schwer Realisierbares, wenn man von Wirkung redet. Man träumt auch immer, daß man fliegen kann, indem man beide Arme ausbreitet. Spätestens seit den Stalin-Prozessen bis zu dem Datum, an dem wir hier reden, hat sich das doch auch als Illusion herausgestellt. Ich sehe den menschlicheren Sozialismus nicht auch nur irgendwo auch nur zu Teilen realisiert oder angepackt. Alle, die in den Lauf der Geschichte eingreifen wollten, denen sind mindestens die Hände, wenn nicht anderes, von diesem Lauf der Geschichte gebrochen worden.

BIERMANN: Ich unterscheide mich von Kunert und Ihnen in

dem einen wichtigen Punkt: Ihr meint, der kontinuierliche Prozeß der Geschichte habe jetzt eine diskontinuierliche Stelle, die uns vollkommen aus den Angeln hebt.

KUNERT: Nein, Wolf, ich sehe das anders. Ich sehe, daß der soziale Fortschritt nichts anderes bringt als eine Funktionsverbesserung. Wir haben geträumt, daß die Menschen einfach anständiger und freundlicher werden und menschlichere Menschen. Das war eine Illusion.

FJR: Kunerts Modell ist ein fast christlich-pessimistisches. Er sagt, dies alles sind nur Zirkelbewegungen, die letzten Endes nie weitergeführt, sondern allenfalls woanders hingeführt haben. Aber keine Weiterentwicklung im Sinne der Humanität, der Moralität.

Nun lassen wir mal das Kapitel Wirkungen – welche Wirkungen haben der Liedersänger Biermann oder der Journalist Raddatz oder der Autor Kunert; aber was macht Sie denn hoffen, woher nehmen Sie denn Ihre Hoffnungen? Ihre Sätze fangen sehr oft an mit »Ich glaube«. Eine heikle Kategorie.

BIERMANN: Nicht für einen ungläubigen Menschen wie mich. Meine Hoffnung kommt aus der Beobachtung der Wirklichkeit, wie ich sie freilich sehe. Aus der Beobachtung der Menschen, mit denen ich zu tun habe. Menschen, die sich wehren, wenn sie unterdrückt sind. Menschen, die oft nicht wissen, wo ein noch aus, und dennoch suchen und die nicht einfach in Selbstmitleid verfaulen wollen.

KUNERT: Darf ich mal ein Beispiel erfinden? Eines Tages wird man sagen: O.k., Sie sind 60 Jahre alt, alle Sechzigjährigen sind überflüssig, und wir sind ihrer überdrüssig – leider haben wir ab sechzig keine Kohlen, keine Lebensmittel, kein Bier und keine Milch mehr für Sie. Hier haben Sie eine Tablette, Sie müssen nun leider von dieser schönen Welt scheiden. Was meinst du, was dann geschieht? Die meisten werden sich sagen, Gott sei Dank, ich bin ja erst neunundfünfzig, ich habe ja noch so viel Zeit vor mir. Und die übrigen werden eben weiterleben. – Und auch wir sind schon so weit. Wenn wir im Fernsehen die Mütter mit ihren verhungerten Kindern sehen, die Mütter, die selber verhungert sind, und wissen, in diesem Jahr krepieren fünfzehn Millionen Menschen. Ich meine, wir leben damit, aber wie leben wir damit. Wir können damit nur leben, indem wir's rationalisieren und im Grunde nicht in uns eindringen lassen. Wir nehmen es doch psychisch gar nicht auf. Aber der Witz ist ja der, wir wissen im Grunde nur Dinge, die wir auch psychisch aufnehmen, was wir rational wissen, wissen wir noch lange nicht. Und so verarmen und verblöden wir nämlich seelisch und psychisch immer weiter.

BIERMANN: Ja, das ist eine chronische Demontage.

KUNERT: Mit der kann man nachher nicht mehr leben. Und jetzt muß ich einen Namen nennen, der ein Beispiel ist, ein Beispiel, daß man, wenn man solche Reduktion erfahren hat, nicht mehr leben kann: Jean Améry.

FJR: Und dem man bei einer Lesung aus seinem Selbstmordbuch zugerufen hat: Na, wann tun Sie's denn? Und er hat nur gesagt: Warten Sie's doch ab. So klingt für mich Biermanns Antwort-Zuruf an Kunert: Warum schreibst du denn dann noch?

BIERMANN: Das ist nicht wahr. Denn ich sage ja, wenn ich überhaupt jemandem etwas zurufe: Lebe doch! Bring dich nicht um! – Ich beharre auch nach diesem Gespräch darauf, die Dinge in ihrer Widersprüchlichkeit zu sehen und zu fassen. Wenn ich das nicht täte – egal, ob ich in der DDR lebe oder jetzt hier – dann würde ich jedenfalls nicht schreiben können. Ich könnte auch nicht leben. Ich möchte dann lieber tot sein.

Solschenizyn will einen Ajatollah

Gespräch mit Efim Etkind

FJR: Ich frage den Brecht-Kenner und -Forscher: Sind Sie Emigrant oder im Exil?

ETKIND: Ein Emigrant ist jemand, der sein Land freiwillig verlassen hat, um in einem anderen Lande zu wohnen. Ich glaube, Brecht hatte vollkommen Recht, wenn er sagte, wir sind keine Emigranten, wir sind keine Auswanderer; wir sind Vertriebene, wir sind Exilierte, denn man hat uns rausgeschmissen.

In unserem Fall, im Fall der aus Rußland rausgeschmissenen Schriftsteller ist das noch deutlicher: wir haben das Land nicht freiwillig verlassen.

FJR: Brechts Idee war vor allem: Eines Tages wollen wir wieder zurück; er hatte sich sogar die Illusion gemacht, sehr bald wieder zurückzukönnen. Ist das auch Ihre Idee?

ETKIND: Uns steht wahrscheinlich ein viel längerer Weg als der Brechts bevor.

FJR: Aber Sie wollen zurück?

ETKIND: Natürlich will ich zurück, weil alles, was ein Mensch macht, immer mit seinem Land verbunden ist. Und für einen Wissenschaftler ist es immer wichtig, in dem Lande zu sein, wo er seine Lehrer hatte, und vielleicht noch wichtiger, wo er seine Schüler hat.

FJR: Sie können sich also vorstellen, daß in der Sowjetunion derartige Veränderungen vollzogen werden, die Ihnen gestatten, im Laufe Ihres Lebens nochmal zurückgehen zu können?

ETKIND: Ich bin kein Prophet. Ich kann sagen, ich *will* zurück. In den Nachkriegsjahren haben sich so ungeheure Veränderungen vollzogen, in der Sowjetunion und überall im Osten, daß die Annahme naiv wäre, es gäbe nun keine Veränderungen mehr. Bis 1953, bis zum Todestage Stalins glaubten wir, daß die zu 25 Jahren Verurteilten auch wirklich 25 Jahre in Haft sein müßten. Dann sind sie doch eher zurückgekommen …

FJR: Oder auch nicht …

ETKIND: Die in den Lagern umgekommen sind, ja. Wenn man mir 1953 gesagt hätte, so etwas wie ein 20. Parteitag wäre möglich, hätte ich das nicht geglaubt. Es ist plötzlich alles lockerer geworden.

FJR: So locker, daß Sie das Land verlassen mußten.

ETKIND: Ja, es gibt eben auch rückläufige Entwicklungen.

FJR: Würden Sie so weit gehen, diese Rücknahme als Restalinisierung zu bezeichnen?

ETKIND: Ja, unbedingt. Es ist eine ganz deutliche Restalinisierung, nur mit anderen Methoden. Der Terror ist nicht so total wie 1938 und 1952, es ist nicht die Herrschaft des totalen Schreckens; obwohl Elemente des Terrors existieren. Man kann das Land nicht mehr versperren, weil der Rundfunk eine ungeheure Bedeutung für das Leben der Intellektuellen im Lande hat. Auch das konnte man sich zu Stalins Zeiten nicht vorstellen – die Information, die heute alle besitzen. Alle Bücher, die im Westen erscheinen, werden in der Sowjetunion gelesen. Es gibt zwar noch keine großen Bibliotheken des Samisdat und Tamisdat in Moskau oder Leningrad, aber die Bücher hat man alle gelesen (*Tamisdat* sind die im Westen publizierten Bücher in russischer Sprache).

FJR: Auch Solschenyzin?

ETKIND: Ich habe noch niemanden hier im Westen getroffen, der aus der Sowjetunion kam, der nicht mein Buch gelesen hätte.

FJR: Heißt das, daß Ihre Arbeit hier im Westen auf die Leseerwartung in der Sowjetunion ausgerichtet ist?

ETKIND: Es ist nicht das einzige Ziel, das ich mir setze, aber es ist das wichtigste. Alle hier im Westen arbeiten weiter für *den* Leser, den sie immer gekannt haben und der ihre weitere

Entwicklung verfolgen wird. Vielleicht kennt man diese Bücher da besser als hier.

FJR: Wie existieren diese Bücher denn? Die können ja nicht alle mit der Hand abgeschrieben werden?

ETKIND: Man liest sie nicht so ruhig wie hier, wo man eine ganze Woche im Bett ein Buch lesen kann. Man bekommt es für eine Nacht, und eine andere Nacht hat es ein anderer.

FJR: Wenn das so ist, dann heißt das tatsächlich, daß die Veränderung in der Sowjetunion, die Sie vorhin beschrieben haben, bereits ein »gesamtgesellschaftliches Phänomen« ist; daß die Menschen nicht nur mißtrauisch und auf »verbotene Weise« neugierig sind – sondern sich vis-à-vis einer generellen Lüge finden.

ETKIND: Das gesamte sowjetische System baut auf Lüge auf, auf Gewalt, Entrechtung und Nötigung. Es nimmt dem einzelnen seine Würde, betrügt ihn – wenn Sie mir einmal Pathos gestatten – um seine Schönheit. Es ist ein System ohne Moral, ohne Wert und Werte.

FJR: Nun sind Sie ja zumindest Marxist gewesen. Sie verstehen also meine Frage: Wenn das so ist, dann heißt das, daß mit der Sache selber etwas falsch ist.

ETKIND: Mit dem Marxismus?

FJR: Ja.

ETKIND: In der Sowjetunion ist der »Marxismus« einfach die Möglichkeit, sich über Wasser zu halten. Sehen Sie, da habe ich auf meinem Bücherregal ein Buch des sehr berühmten Literaturforschers Wladimir Pzopp, der hat ein glänzendes, ein außerordentliches Buch über das russische Nationalepos geschrieben. Im Vorwort stehen ein paar ganz blöde Zitate, nicht einmal von Stalin, nicht einmal von Lenin, sondern von Kalinin über die Volkskunst. Und dann kommt natürlich Kalinin nicht mehr vor, und der Autor spricht über das, was er will. Das ist sein Paß also.

FJR: Trotzdem frage ich Sie, ob das nicht auf die Dauer etwas mit Menschen anrichtet, ob das nicht ins Fleisch von Literatur und von Denken sich einfrißt. Georg Lukács hat ähnliches gesagt, hat sich herausgeredet, er habe, um seine Bücher schreiben zu können, mal ein bißchen Stalin zitiert, mal ein bißchen Lenin zitiert, dann habe er geschrieben was er wollte. Das stimmt nicht – herausgekommen ist schließlich sein Anti-Sartre-Buch, eine Perfidie.

ETKIND: Die Leute sind ja unter der Herrschaft eines totalen Regimes, und dieses totale Regime hat nicht einmal Mitleid mit den hervorragendsten Bürgern des eigenen Landes; wenn man einen Rostropowitsch rausschmeißen kann, der der beste Cellospieler der heutigen Welt ist, nur weil er Solschenizyn ein Heim gegeben hat; wenn man heutzutage eine ganze Generation eigentlich zum Schweigen hat bringen können, die Generation der vierzigjährigen Schriftsteller, so kann man auch die besten weiter rausschmeißen.

FJR: Aber hier ist doch ein Widerspruch. Sie sagen, man hat eine ganze Generation der etwa Vierzigjährigen zum Schweigen gebracht, vorher haben Sie gesagt, es genügt, ein Vorwort zu schreiben, und dann kann man sagen und schreiben was man will. Deshalb sage ich: Nein, es genügt nicht, sich eine Jacke anzuziehen und zu sagen, das Hemd darunter trage ich doch, wie ich will – nein, es ist dann plötzlich auch das Hemd und die Haut. Es geht tiefer, man macht Menschen, man macht Literatur kaputt.

ETKIND: Manchmal ist es das Hemd und die Haut, manchmal ist es nur das Hemd.

FJR: Aber Sie hat man nicht schreiben und nicht arbeiten lassen.

ETKIND: Ich war ein Freund Solschenizyns, ich habe ihm geholfen, ich habe seine Manuskripte versteckt – das wußte man, und das war der Grund.

FJR: Da liegt doch schon wieder der Widerspruch. Sie sagen einerseits, man kann schon schreiben, man muß ein paar

Kompromisse machen, man darf keine politischen Traktate schreiben. Aber Solschenizyn *hat* Romane geschrieben: da gibt es doch offenbar ein Umkippen von einem bestimmten Moment an. Wenn man Glück hat, wird man rausgeschmissen wie Sie, wenn man Pech hat, wird man eingesperrt.

ETKIND: Hören Sie, was wollen Sie mit diesen Fragen? Wollen Sie, daß ich Ihnen ein sehr logisches Bild der Entwicklung in der Sowjetunion zeige? Sie wissen ja ebensogut wie ich, daß die Logik das Letzte ist, was in diesem Lande existiert, es gibt keine Logik. Da haben Sie viel mehr recht als ich.

FJR: Gibt es große Prosa ohne Wahrheit, mit beschränkter Wahrheit? Können Sie sich Prosa mit beschränkter Wahrheit vorstellen?

ETKIND: Ich kann mir eine große Literatur mit beschränkter Wahrheit ganz deutlich vorstellen. Gestatten Sie einem Literaturhistoriker den Hinweis: In der ersten Hälfte des 19. Jahrhunderts waren das wichtigste russische Thema der Dezember-Aufstand von 1825 und die besten Leute Rußlands, die damals nach Sibirien zu 20 Jahren verurteilt waren. Über dieses Thema durfte man kein Wort sagen – aber es war die Blütezeit der russischen Literatur. Puschkin hat niemals ein Wort darüber geschrieben, über seine besten Freunde, die entweder erhängt oder nach Sibirien verschleppt wurden, aber er hat immer die Wahrheit gesagt. Oder denken Sie an das Frankreich zu den Zeiten Napoleons III. Zu dieser Zeit gab es in der französischen Literatur einen Mann, der die volle Wahrheit sagte, das war Victor Hugo – und der hat sie in England gesagt. Aber die anderen waren auch keine Winzlinge, es war eine riesige Literatur, es war vielleicht die goldene Zeit der französischen Prosa des 19. Jahrhunderts: Flaubert, Mérimée, die Brüder Goncourt, Champfleury . . ., aber die volle Wahrheit konnte Zola erst nach 1871 sagen. Auch vor 1871 hatte ja Zola geschrieben, und er hatte die

Wahrheit geschrieben, eine beschränkte, eine unvolle Wahrheit. Wo außerhalb der heutigen westlichen Demokratien – wo gab es überhaupt je die Möglichkeit, die volle Wahrheit zu sagen?

FJR: Wie fühlt man sich eigentlich, wenn man da in Leningrad sitzt und alle diese Dinge, die Sie jetzt sagen, auch dort schon weiß? Das wissen Sie ja alles nicht erst, seit Sie im Westen sind, sondern das wußten Sie ja auch, als Sie noch in Amt und Würden waren.

ETKIND: Ja, natürlich wußte ich das. Meine Aufgabe war: nie zu lügen und nichts zu tun, was ich später zu bereuen hätte. Als ich in der Sowjetunion die »Flüchtlingsgespräche« publizierte, wußte ich genau, daß es für einen sowjetischen Dichter beinahe unmöglich wäre, so etwas zu publizieren, weil ein jeder Satz der »Flüchtlingsgespräche« ein antisowjetischer Satz war; denken Sie an den Anfang, wo Brecht fragt, welche Bedeutung der Mensch hat. Der Mensch hat überhaupt keine Bedeutung, das wichtigste ist der Paß. Was ist der Mensch? Der Mensch ist nur eine Tasche, wo man einen Paß hineinsteckt. Einen Menschen macht man sehr leicht, aber ein Paß ist nicht so leicht zu produzieren. Diese paar Seiten sind ja über die Sowjetverhältnisse.

FJR: Bleibt nicht trotzdem ein Moment von Scham, wenn nicht gar Ekel gegenüber der eigenen Arbeit, wenn man sich unentwegt fragen muß, dieses Gedicht kannst du gerade noch in einer Anthologie aufnehmen, jenes Stück Prosa leider schon nicht mehr, im Moment nicht.

ETKIND: Sie wollen sagen, daß in der Sowjetunion das Leben eines Schriftstellers ein tragisches Leben ist. Ich bin einverstanden – natürlich ist es tragisch.

FJR: Ich will eigentlich auf etwas Schwierigeres hinaus: Ob der Schriftsteller nicht Mitschuld trägt an den Verhältnissen. Fühlen Sie sich mitschuldig?

ETKIND: Nein.

FJR: Sie haben die größte Zeit Ihres Lebens in der Sowjetunion gelebt, wußten von den Stalinprozessen, vom Gulag: Macht das mitschuldig oder nicht?

ETKIND: Ich hab' in meinem Buch ganz deutlich geschrieben, daß ich die volle Verantwortung trage für das, was ich erlebt habe und was alle mit mir zusammen erlebt haben, und ich glaube, daß diese Verantwortung jeder Schreibende fühlen soll, denn er hat auch vieles geduldet und verschwiegen; das ist ganz klar. Anna Achmatowa hat, um ihren Sohn zu befreien, einen ganzen Gedichtszyklus über den Frieden und über Stalin geschrieben – das war für sie das Schrecklichste, was ihr geschehen konnte.

FJR: Macht sie das unglaubwürdig?

ETKIND: Sie hat es einmal getan, und es war klar, daß sie nun einfach ihren Sohn retten mußte. Ich glaube nicht, daß sie deswegen unglaubwürdig für ihre Leser geworden ist. Mandelstam, der im Lager umgekommen ist, hat auch eine Stalin-Ode geschrieben, die zwar nie publiziert wurde, aber er hat sie doch geschrieben.

FJR: Ich will die Frage nochmal zuspitzen, noch heikler machen. Ich bin Deutscher, und wir haben uns mit *unserer* Geschichte herumzuraufen. Wir sind sehr unduldsam gegen Autoren, die etwa eine Hitler-Ode geschrieben haben. Wir wollen mit denen allen nichts zu tun haben, die haben den Kopf eingezogen und für die Ufa Filme gemacht; ich gehöre übrigens dazu, zu den Leuten, die da sehr rigoros sind. Ich habe keinen Respekt vor Leuten, die gesagt haben, ach Gott, ich werd's mir richten, ich hab' ein Haus in Dahlem oder am Grunewald und muß »unpolitische« Filme machen. In derselben Zeit hat ein Tucholsky sich umgebracht, hat man Mühsam ermordet, hat ein Heinrich Mann nicht gewußt, wovon leben in der Emigration. Das ist doch vergleichbar, oder nicht? Hitler war ein Massenmörder – Stalin war auch ein Massenmörder. Ich sehe da keinen gravierenden Unterschied.

ETKIND: Ich sehe einen sehr großen Unterschied. Der große Unterschied ist, daß die deutschen Schriftsteller, daß die ganze deutsche Literatur ausgewandert war, Sie wissen es besser als ich. Was die Sowjetliteratur anbetrifft, steht es ja ganz anders. Die ganze Literatur ist im Land geblieben, da ist ein riesiger Unterschied.

FJR: Es gab die Chance für viele, zu einem frühen Zeitpunkt wegzugehen – und sie sind nicht weggegangen. Insofern stimmt die Parallele doch, und Ilja Ehrenburg ist zurückgegangen, wissend, was er tut. Der vergleichbare Deutsche, der das getan hätte – sagen wir, 1938 nach Hitler-Deutschland zurückzugehen à la Ehrenburg in die Sowjetunion – dem würde man bis zur Stunde nicht verzeihen.

ETKIND: Lassen Sie uns nicht am Fall Ehrenburg stehenbleiben, es ist kein typischer Fall. Ist Pasternak im Westen gewesen? Und außerdem hätte Pasternak auch nie das Land verlassen, nicht weil er mit dem Sowjetregime zusammenbleiben wollte, sondern weil er mit seinem Leser bleiben wollte, wie die Achmatowa; man hatte sie viele Male gerufen in die Emigration, das wollte sie nicht, denn sie wollte mit ihrem Volk da bleiben, wo ihr Volk litt.

FJR: Eine heikle Kategorie. Thomas Mann wollte auch nicht bei den Nazis bleiben, sondern bei seinen Lesern. Und genau das nimmt man ihm heute übel, daß er den ersten Teil der Josephs-Bände noch in Nazi-Deutschland erscheinen ließ – dieses Schwanken, diese Kompromißbereitschaft, diese Unentschlossenheit. Die Achmatowa darf bleiben, Thomas Mann nicht. Zweierlei Maß?

ETKIND: Nehmen Sie Lew Kopelew, der jetzt alle seine Bücher im Westen publiziert, der in der Sowjetunion außerhalb der Gesellschaft gestellt ist: Er ist aus dem Schriftstellerverband rausgeschmissen; er wurde früher noch aus der Partei rausgeschmissen; er ist jetzt niemand: Er wird von niemandem verteidigt, man kann ihn auf der Treppe erschlagen, so wie man vor kurzem – vor zwei Jahren seinen Freund und Nachbarn, den Germanisten Konstantin Bogatyzjow erschlagen hat. Und das weiß er sehr gut, und er weiß, wie man ihm Flaschen ins Fenster geworfen hat, die Flaschen sind an seinem Kopf vorbeigeflogen. Aber seine Pflicht ist dazubleiben, das weiß er sehr gut. So wie es auch Solschenyzin wußte. Niemals hätte Solschenizyn das Land verlassen, wenn man ihn nicht gewaltsam ins Flugzeug gesetzt hätte.

FJR: Was ändert sich dadurch, daß man dableibt?

ETKIND: Daß ein jedes Wort, das man dort sagt, sogar ein leise gesprochenes Wort, eine ungeheure Bedeutung hat; denn das Wort, das man zu Hause gesprochen hat, ist kraftvoll durch die tödliche Gefahr, die man erlebt, und durch das Miterleben aller Dinge, die das ganze Volk erlebt.

FJR: Das klingt sehr heroisch, gar dramatisch; entspricht es der Realität? Was ist der Sinn des Dableibens? Sie sagen, das Wort hat eine größere Kraft, auch gewisse Würde, moralischen Wert. Aber Sie sagen selber, es ist ein totalitäres Land, über das wie ein Spinnweb sich von der Geheimpolizei bis zur Armee ein großes Netz legt. Was haben denn die bewirkt, die dageblieben sind? Was haben Sie, Efim Etkind, bewirkt, solange Sie da waren? Gut, Sie haben intelligente Zitate gemacht, Sie haben die »Flüchtlingsgespräche« von Brecht herausgegeben, und wer lesen konnte, hat auch verstanden, daß es sich keineswegs nur um den Hauptbahnhof Helsinki handelt ... Wo war die Wirkung?

ETKIND: Ich glaube nicht, daß das Volk zersetzt ist und daß es verdient hat, taub und stumm zu bleiben. Im Gegenteil: unsere Aufgabe ist es, dem Volk die Möglichkeit zu geben, sich auszusprechen und das zu formulieren, was es formulieren will.

FJR: Volk ist ein vager Begriff, man weiß nicht genau, wer das ist. Das Volk, die Bevölkerung, die Menschen des Landes – das sind ja nicht Schriftsteller. Mag sein, daß die Schriftsteller sich inzwischen einen gewissen Freiraum geschaufelt haben, Freiraum zu sprechen, Theater aufzuführen, Bücher zu drucken oder im Samisdat zu vertreiben. Was ändert sich an der staatlichen, sozialen Struktur des Landes? Doch in Wahrheit nichts. Man kann doch nicht ernsthaft sagen, daß die Sowjetunion deshalb ein freieres Land geworden ist.

ETKIND: Wenn man sich wirklich das Ziel gesetzt hätte, heute die ökonomische oder politische Lage der Sowjetunion zu ändern, so hätte es wahrscheinlich keinen Erfolg gehabt. Aber das wichtigste Ziel ist ein anderes – es ist das Ziel der politischen, moralischen und sogar ideologischen Aufklärung des Landes. Und diese Aufklärung kann man nur schaffen, indem man da ist und sich eine persönliche Freiheit verschafft.

FJR: Die Öffentlichkeit eines Landes besteht nicht aus Seminaren oder Literatenzirkeln, die besteht aus Funk, Fernsehen und Zeitung. Und in diesen drei Medien gibt es einen Sacharow nicht. Er ist überhaupt nicht existent – wie kann die Nicht-Existenz dieses Mannes irgend etwas verändern in so einem riesigen Land.

ETKIND: Nein, Sie haben gar nicht recht in diesem Fall. Im Westen ist heute die Öffentlichkeit identisch mit den Medien, die Sie genannt haben. In der Sowjetunion ist ein kleines, ein leise gesprochenes Wort schon das öffentliche Leben, weil man ringsumher schweigt. Selbstverständlich, der Kampf ist schwierig, die Sowjetunion besitzt die beste Armee der Welt, die außerordentlichste Geheimpolizei und nicht nur eine, sondern mehrere Geheimpolizeien, die einander bespitzeln, sie besitzt einen Parteiapparat, der vielleicht die schlaueste Erfindung des Menschengehirns ist. Daß es unter diesem Druck, unter diesem ganz unvorstellbaren Druck noch freie Menschen gibt, das ist ja der Sieg.

FJR: Was Sie jetzt sagen, hört sich ja doch eher hoffnungsvoll an im Hinblick auf die Veränderung, oder gar auf Machtverschiebung.

ETKIND: Ich bin optimistisch, ich bin ganz sicher, daß diese Verschiebung vor sich gehen wird.

FJR: Ich frage mich trotzdem, ob wir uns nicht immer noch zu sehr an dem engen Zirkel von Intellektuellen orientieren in so einem Gespräch. Sie sprechen von dem enormen Militärapparat, Parteiapparat, Geheimdienstapparat. Diese drei Apparate bestehen ja aus Menschen, aus Millionen von Menschen, die offenbar nicht nachdenklich geworden sind – auch nicht durch einen Sacharow, der leise vernehmbar in Moskau wispert; sonst würden sie ja nicht funktionieren.

ETKIND: Ich will Ihnen eine Parabel erzählen. Ich hatte einen Freund, etwa 20 Jahre älter als ich. Ein Literaturprofessor namens Julian Oxman, ein Puschkin-Forscher, ein glänzender Gelehrter. Julian Oxman verbrachte etwa 15 Jahre im Lager, dann kam er zurück, dann wurde er noch einmal verhaftet. Am zweiten Tage seines Verhörs in Moskau saßen ein KGB-General und mehrere Offiziere um den Tisch herum, und die fragten ihn, nachdem sie ihn freigesprochen hatten: Warum sehen Sie uns so traurig an, da Sie nun frei sind? Er schwieg eine Weile und dann sagte er: Wissen Sie, ich habe mit der Geheimpolizei, dem KGB schon 40 Jahre zu tun gehabt, und jedesmal habe ich erleben müssen, wie diese Generationen eine nach der anderen verschwand, durch ihren eigenen Apparat. Und jetzt sehe ich Sie an ...

Ich glaube, daß die Leute, die das hörten, sehr bewegt waren – die haben ihre Arbeit gemacht, aber bewegt sind sie doch gewesen.

FJR: Und haben den Nächsten am nächsten Tag verhaftet. Aber Sie haben mir eine Parabel erzählt, ich will mit einer Anekdote antworten.

In Galizien tobt ein Pogrom. Die Leute kommen ins Haus

eines wohlhabenden jüdischen Händlers, stehlen, vergewaltigen seine Frau und ziehen einen Kreis aus Kreide, stellen ihn in den Kreis und er muß zusehen, wie seine Frau vergewaltigt wird, seine Tochter vergewaltigt wird, wie sein Silber, seine Teppiche gestohlen werden. Er bleibt in dem Kreis, und nachdem das Pogrom vorüber ist, kommen aus den Trümmern die Nachbarn gestürzt – und er steht in dem Kreis und lächelt. Die Leute rufen, mein Gott, wie entsetzlich, man hat dir alles genommen, man hat deine Frau zum Schluß umgebracht, vergewaltigt deine Tochter, und du stehst in dem Kreidekreis und lächelst. Und da sagt er: »Ja, sie haben mir diesen Kreis gezeichnet, und sie haben gesagt, wenn du aus diesem Kreis heraustrittst, wirst du erschossen. Und sie haben nicht gemerkt, daß ich die linke Fußspitze über den Kreidekreis geschoben habe.« Dies die Antwort auf Ihre Parabel mit dem General: Gut, der General war bewegt, und die drei Leute, die mitverhört haben, waren bewegt; morgen gehen sie weiter verhaften.

ETKIND: Sicher, ich sage ja gar nicht, daß sich da etwas schon verändert hat. Aber: Es gibt keine zwei Rußland, es gibt nur ein Rußland, wenn man Rußland verläßt und weiß, daß das, was man hier sagt, weniger wichtig ist als das, was man da sagen kann, so hat man die einzige richtige Überzeugung, daß man doch da bleiben sollte, wo dein Wort eine wichtigere Waffe und ein größeres Gewicht hat.

FJR: Was für Sie persönlich eine bittere Bilanz ist, denn Sie sitzen jetzt hier in Paris. Haben Sie mit Solschenizyn darüber eigentlich gesprochen, hier im Westen?

ETKIND: Ja, ja.

FJR: Würde er auch so eine bittere Bilanz ziehen?

ETKIND: Solschenizyn hat sich ein Ideal konstruiert, das Ideal eines heiligen Rußland, mit einem neuen Zar und mit der orthodoxen Kirche, die an der Spitze des Landes stehen wird.

FJR: Eigentlich eine stalinistische Idee.

ETKIND: Ich weiß nicht, ich hätte es nicht so – ich bitte um Verzeihung – nicht so primitiv formuliert. Es ist wohl eher die Lenin-Idee: daß jemand das Land regiert und zugleich eine Kirche da ist, die die Ideologie des Landes bildet, Regierung und Kirche, das hatten wir auch in Frankreich gehabt zu Zeiten von Louis XIII. Die einzige Idee Voltaires war ja, den Kardinal mit einem Philosophen zu ersetzen. Solschenizyn will aber keinen Philosophen. Keinen Kardinal. Er will einen Ajatollah.

Ich singe aus Angst – das Unsagbare

Gespräch mit Max Frisch

FJR: Als wir vor geraumer Zeit mal miteinander sprachen, sagten Sie etwas, das mich ziemlich bestürzt hat: »Lieber Raddatz, was Sie da tun, ist ja im Grunde genommen: das gute Feuilleton im ›*Reich*‹.« Ist das ein reflektierter, differenzierter Satz, der ein politisches Urteil über gesellschaftliche Zustände in der Bundesrepublik birgt – oder ist es eher ein Satz, der eigene Bitterkeiten, Vergeblichkeiten der eigenen Arbeit auf den anderen überträgt?

FRISCH: Natürlich vergleiche ich die Bundesrepublik nicht mit Hitler-Deutschland, sonst würde ich ja nicht in Hamburg auf einem Parteitag reden. Kein reflektierter Satz, nein, ein dummer Satz. Was gemeint ist, wissen wir hier wie dort, daß in bürgerlichen Blättern, die sich als Weltblätter verstehen, »unter dem Strich« so eine Liberalität blüht – ein Blatt wie die *Neue Zürcher Zeitung*, da lesen Sie etwa ein sensibles Lob auf Enzensberger-Gedichte, o ja, und in derselben Ausgabe werden ein paar Eidgenossen kriminalisiert, weil die in der Tat einer linken Partei angehören, einer legalen Partei. Unsere politischen Konfessionen in euren gediegenen Feuilletons sind Spiegelfechterei. Man muß es nur wissen: Was der Leser ernstzunehmen hat, das lehrt ihn der Leitartikel und unverblümter noch der Wirtschaftsteil. Kürzlich hat mir ein Freund gesagt: »Immerhin werde ich im Wirtschaftsteil angeschissen, so weit bringt's nicht jeder Schriftsteller.« Das war Peter Bichsel.

FJR: Wahrscheinlich nach seinem *Spiegel*-Essay. Da sind wir beim zweiten Teil meiner Frage. Ihre Erfahrung als Schriftsteller: Bitterkeit? Ist das, mit siebzig, die Summe Ihres Lebens?

FRISCH: Wie das tönt: Summe meines Lebens! Und also Bitterkeit, die sich darin manifestiert, daß man ab und zu eure Feuilletonseiten gern liest, aber politisch nicht ernstnimmt, als Summe des Lebens ... Etwas anderes ist es, in einer Volksversammlung zu sprechen oder vor einer Gewerkschaft eine politische Rede zu halten. Aber ich gebe zu, es sind jetzt auch schon zwei Jahre her, seit ich eine solche Rede geliefert habe.

FJR: Haben Sie es aufgegeben, sich da verständlich zu machen?

FRISCH: Es hat sich etwas geändert, glaube ich. Und nicht bloß, weil ich siebzig wurde, sondern objektiv. Ich bezweifle langsam, daß wir an die politischen Probleme heute überhaupt herankommen mit dem überlieferten Vokabular. Das ist verbraucht. Empfinden Sie das nicht auch? Das hängt im Leeren mehr und mehr. Und das gilt nicht allein für das marxistische Vokabular. Zur Zeit meine ich, daß Texte, die am direkt politischen Vokabular vorbeikommen, viel irritierender sind, stimulierend für das politische Bewußtsein des Lesers, subversiv also im besten Sinn des Wortes. Die direkt politischen Verlautbarungen von Schriftstellern halte ich, zumindest im Augenblick, für wirkungslos – hingegen nicht die Poesie.

FJR: Was heißt zum Beispiel für Ihre Arbeit Wirkung? Die Arbeit eines Schriftstellers, der ja nie, mit wenigen Ausnahmen, direkt zu politischen Dingen Stellung nahm, sondern doch immer wieder versucht hat, existentielle Spannungen und existentielle Verhaltensweisen einzufangen, von den frühesten Stücken bis zu »Montauk« oder jetzt gerade »Triptychon«? Immer ein ungeheures Element des Vergeblichen, eigentlich des Finsteren, des Bitteren. Wo dazwischen sitzt es nun? Wirkung haben wollen und gleichzeitig das große Vergeben?

FRISCH: Ihre Feststellung, daß ich zu politischen Dingen selten Stellung genommen habe, verstehe ich, Sie reden als Bundesdeutscher. Wie sollen Sie denn wissen, was uns in der Schweiz bekümmert, wenn nicht grad' Schaufenster zertrümmert werden? Es gibt für uns nicht nur die bundesdeutsche Arena... Apropos »Montauk«, der französische Übersetzer meiner Tagebücher ist ein militanter KP-Professor, und ich habe erwartet, daß er das »Montauk«-Buch nicht übersetzen möchte, daß er sagt: Das nun nicht! Und im Gegenteil sagte er: »Diese Erzählung ist sehr viel politischer als Ihre Tagebücher.« Wieso das denn? Er nannte ein Beispiel: Da wird eine Jugendfreundschaft beschrieben, eine lebensentscheidende, die dann gescheitert ist, und warum gescheitert, das wäre im politischen Vokabular mühelos zu fixieren: Ein Kleinbürgersohn ich und er ein Großbürgersohn, die klassenspezifische Situation und so weiter. Und daß diese eigene Erfahrung einfach so erzählt wird, so einfach auch wieder nicht, aber exakt als ein konkretes Erlebnis, das fand er politisch-virulenter als meine politischen Polemiken.

FJR: Hier in Zürich läuft eine Art Porträtfilm über Sie. In der sehr eindringlichen Sequenz über Ihre Beziehung zu Ingeborg Bachmann fällt die Formulierung, es gäbe auch faschistische Verhaltensweisen zwischen Menschen, obwohl man normalerweise sowas so nicht nennt. Können Sie mit dem Begriff in diesem Zusammenhang etwas anfangen?

FRISCH: Es ist Ingeborg Bachmann, die in einem Interview sagt, der Faschismus beginne zwischen Mann und Frau – und wie es sich anhört, nein, da ist kein Zweifel: Der Faschist ist allemal der Mann... Was ich damit anfangen kann, fragen Sie. Die Beziehung zwischen den Geschlechtern, das wissen Sie, hat mich immer schon beschäftigt. Wenn sie gelingen sollte, ich meine die Emanzipation der Frau, und das wäre ja auch eine Emanzipation des Mannes, ich kann mir vorstellen, das würde die Gesellschaft mehr verändern als etwa die Verstaatlichung der Schwerindustrie, der Banken, was ich mir beiläufig auch wünsche. Weil das, meine ich, am Fundament verändert. Das ist in unserer Industriegesellschaft wahrscheinlich die einzige revolutionäre Chance. Dafür gäbe es eine Massenbasis.

FJR: Können Sie sich's vorstellen – oder *wollen* Sie's wirklich? Dieses Wollen, Wünschen sehe ich in Ihren Arbeiten nicht, da ist vielmehr Angst davor ausgedrückt.

FRISCH: Finden Sie? Ich bin als Mann ein Romantiker, der sehr langsam zur Einsicht gekommen ist, daß das überlieferte Grundmuster der Mann-Frau-Beziehung falsch ist. Ich begrüße die Emanzipation.

FJR: Als Idee, aber nicht als eigene Lebensmöglichkeit.

FRISCH: Woher wissen Sie das denn?

FJR: Ist das die Abwehr des eigenen Verdikts aus Ihrem »Triptychon«-Stück: »Tote lernen nicht« oder auch »Tote haben nicht gelernt« . . .

FRISCH: Es heißt: »Die Toten lernen nichts dazu.«

FJR: Das ist natürlich ein Satz, der sich nicht nur auf Tote bezieht . . .

FRISCH: . . . nein, nicht nur auf Verstorbene . . .

FJR: In Wahrheit sind die Toten dieses Stückes lebend. Sind sehr »wir«.

FRISCH: Das ist richtig, aber nicht so ganz. Sie sind nicht »lebend«, das ist es ja, sie sind bloß noch nicht klinisch tot. Der Hades ist eine Metapher. Es geht in diesem Stück um das Tödliche vor unserem klinischen Tod. Und das fängt eben schon früh an. Schauen Sie sich Gesichter an: Das Tödliche beginnt, wenn jemand nicht mehr umdenken kann. Wenn ein junges Paar, Katrin und Xaver, sich nur noch wiederholen kann. Und das andere, was mich beschäftigt, das ist unser Leben mit den Toten, mit den Verstorbenen. Ob es Freunde sind, Väter, Mütter, Geschwister und so weiter oder Geistesgrößen, die wir privatim nicht gekannt haben. Im Stück heißt es, daß es jemand auf der Stelle übel geworden ist: »Lenin in seinem Mausoleum, ein kluger Kopf, der seit fünfzig Jahren keine Erkenntnisse mehr hat«, und das heißt: »Wir leben mit Toten, und die denken nicht um.« Und das ist der Konflikt, meine ich, wir können ja auch nicht ohne die Toten leben, ohne Tradition, sie geistern in unserem Denken, ob Schopenhauer oder Freud und wie sie alle heißen.

FJR: Stülpen Sie die Nicht-Lernfähigkeit Ihren Figuren nicht nur auf? Ist es Ihre Konsequenz auch für die Lebenden, für die vor dem klinischen Tod schon Abgestorbenen? Da kommen wir doch wieder zu Max Frisch, zu seiner Bitterkeit; zu seiner konsequenten Inkonsequenz: Ich begrüße eine bestimmte Idee, ich wünschte, sie würde Materie, sei es die Verstaatlichung von Banken, sei es die Emanzipation – aber gleichzeitig: zumindest ich, Max Frisch, habe diese Lernfähigkeit gar nicht mehr?

FRISCH: Was soll ich dazu sagen ...

FJR: Sich neu verlieben – das heißt gelernt haben; oder heißt es, gerade *nicht* gelernt haben?

FRISCH: Als Gast haben Sie gesehen, daß ich zur Zeit nicht allein wohne. Was geht das denn die Öffentlichkeit an? Unser Gespräch geht um die schriftstellerische Arbeit, denke ich, um Literatur und nur insofern um Persönliches, als es sich literarisch-öffentlich manifestiert hat in Bildern, in Gedanken. Die Öffentlichkeit ist deswegen nicht mein persönlicher Gast.

FJR: Macht die Belastung mit diesen Gedanken Ihr Stück »Triptychon« nicht zu einem dialogisierten Essay?

FRISCH: Manchmal wäre ich gerne ein Essayist. Was ich nicht bin. Vielleicht sehen Sie das Stück irgendwann einmal. Was mich am Theater seit eh und je fasziniert, die Konfrontation von körperlicher Existenz und Sprache. Ein einfaches Beispiel: Da sitzt also eine junge Person in einem Schaukelstuhl, und dann heißt es: »Ja, Katrin, hier hast du gesessen?« Sie sitzt aber da und es heißt: »So hast du damals ausgesehen.« Also die erotische Präsenz einer Toten, ihr Körper auf der Bühne und dazu durch die Sprache das Bewußtsein, daß es Vergangenheit ist. Das halte ich für theatralisch. Allerdings setzt das voraus, daß man nicht nur zuhört, sondern auch ein Zuschauer ist, also auch visuell sensibel.

FJR: Es gibt einen ziemlich einschneidenden Satz von Ihnen, ich meine in »Montauk«, wo Sie sagen, man macht keine Erfahrungen mehr. Man ist auch nicht mehr neugierig. Leben findet für mich nur noch im Schreiben statt . . .

FRISCH: Indem man Sätze schreibt und dann über diese Sätze erschreckt ist, weil sie sich nicht oder zu wenig dekken mit der Erfahrung, die zum Schreiben drängt, jetzt erst merke ich, daß sie ja abweicht von den Sätzen, die ich da schreibe, meine Erfahrung, und so werde ich neugierig auf meine Erfahrung. Übrigens habe ich nicht gesagt: Man ist nicht mehr neugierig. Der Satz heißt: »Leben langweilt mich, ich mache Erfahrungen nur noch, wenn ich schreibe.« Von einem alten Mann ein koketter Satz, mag sein, aber das war eigentlich immer schon so, daß ich schreibend erst meine Erfahrungen entdecke. Und wo das Schreiben nicht zur Entdeckung der eigenen Erfahrung geführt hat, ja, das alles könnte man einstampfen, *ça c'est de la litterature!*

FJR: Also ein monologisches Verfahren. Das heißt, sich mit sich selber auseinandersetzen, die eigene Erfahrung, Existenz zu überprüfen und sich bewußt zu machen durchs Artikulieren. Ist Schreiben für Max Frisch ein Stück schweigendes Aufarbeiten der eigenen Erfahrung?

FRISCH: Ist es nicht merkwürdig, wieviel Antwort man auf solche Monologe bekommt? Ob Widerspruch oder Zuspruch, viele antworten wie auf eine persönliche Anrede, und dabei haben sie bloß ein Taschenbuch in der Hand.

FJR: In Wahrheit also kein Monolog, sondern eine Selbstauseinandersetzung, mit dem Angebot an andere, sich auf ähnliche Weise mit sich mal etwas genauer auseinanderzusetzen, an Hand eines Textes. Würden Sie das Wort Aufklärung akzeptieren, hervorgerufen durch diesen Prozeß?

FRISCH: Aufklärung ist mir ein lieber Begriff, ich zögere bloß, ich meine ja nicht, daß ich nun die Klarheit anzubieten habe. Was biete ich eigentlich an? – Ich glaube, Sie sagten es eben.

FJR: Und wie geht es dem Leser Max Frisch? Es gibt ja nicht nur den Schreiber. Hat es solche Angebote für Sie gegeben?

FRISCH: Wer weiß, ob ich nicht zwölf Jahre lang Architektur gemacht habe, weil ich so ein schwacher Leser bin. Wenn ich ein Buch bewundere, das heißt noch nicht, daß ich's auch zu Ende lese, es ist im Augenblick nicht das richtige Kraut für mich als Schreiber. Oft lese ich auch nur ein paar Seiten in irgendeinem Buch: um verschiedene Arten von Prosa zu schmecken. Ich bin nie, zum Beispiel, ein Thomas-Mann-Leser gewesen, hingegen ein Brecht-Leser.

FJR: ... aber einer voller Widerstand ...

FRISCH: Brecht ist ein lästiger Autor, ja, er erschwert mir allerlei Bequemlichkeiten, zu denen ich neige. Robert Walser entzückt mich zuverlässiger.

FJR: Wie war denn für Sie der Umgang mit Brechts lyrischer Produktion, davon finde ich ziemlich wenig Spuren bei Ihnen.

FRISCH: Seine Lyrik halte ich für trächtiger als sein Theater. Ich schreibe keine Gedichte. Ob seine Lyrik auf meine Prosa abgefärbt hat, das habe ich nicht untersucht.

FJR: Ist Ihre Form des Gedichts das Tagebuch?

FRISCH: Vielleicht gäbe es Passagen, die man auf die Zeilenformen eines reimlosen Gedichts umsetzen könnte, aber öfter verlockt mich das Gegenteil, ich glaube, eine Menge reimloser Gedichte könnte man auf die Zeilenform der Prosa umsetzen, ohne Schaden anzurichten ... Wenn der Clochard sagt: »Mein Gedächtnis ist aufgebraucht, die Rolle meines Lebens spielen jetzt andere, und langsam verleiden die Toten sich selbst«, das ist Prosa, die so furchtbar weit von der Brecht-Rhythmik nicht entfernt ist, ganz abgesehen vom versteckten Zitat aus dem »Dickicht der Städte«: »Das Chaos ist aufgebraucht, es war die beste Zeit.«

FJR: Es hat ja eine ganze Weile gedauert, bis der Dramatiker Max Frisch sich wieder mal zeigte. Jetzt ist er da, sehr zögernd da, eigentlich wieder nicht da, hat lauter kleine Teilgeburten. Ist das Plan?

FRISCH: Lausanne ist kleiner als Hamburg, das ist wahr, sogar kleiner als Zürich, aber ich wollte einmal mit Michel Soutter arbeiten, ja, und dann gab ich das Stück, das mir nämlich am Herzen liegt, nach Warschau. In der Übersetzung von Zbigniew Herbert. Und da ich mich in Warschau mit Erwin Axer verstand, gab ich ihm das Stück auch für das Burgtheater in Wien. Ist es das, was Sie mit kleinen Teilgeburten meinen? – In Frankfurt am Main, Bundesrepublik, hatte ich Pech, dort haben Minks und Johannes Schaaf sich verkracht, und das führte zum Vertragsbruch kraft Mitbestimmung durch ein Ensemble von Ideologie-Darstellern, die haben zwar den Spielplan in einer Vollversammlung gebilligt, aber ohne das Stück gelesen zu haben.

FJR: Sehen Sie kein deutsches Theater mehr, nicht wie Sie es meinen? Sie reisen übermorgen nach New York – aber Berlin, Bochum, Köln ist zu weit?

FRISCH: Ich suche Regisseure, die lesen können. Das ist keine geographische Frage. Im übrigen träume ich von einer Loft in Soho, was vielleicht auch dumm ist.

FJR: Eine Frage, die nur scheinbar das Thema verläßt: das Element des Eitlen. Das ist ja ein Vorwurf, der Ihnen gerade an Hand des »Montauk«-Buches gemacht worden ist – einerseits im Gewand und in der Geste des Bescheidenen, in Wahrheit ein doch sehr eitles Ausstellen des Eigenen. Fühlen Sie sich da betroffen, ertappt?

FRISCH: Ich bin nicht so eitel, daß ich meine, ich sei überhaupt nicht eitel. Sie sehen, Raddatz, Sie haben mich ertappt.

FJR: Wobei gerade bei diesem Buch der Vorwurf hinzukommt, daß Sie mit Ingeborg Bachmann eigentlich unfair umgegangen seien. Haben Sie selber das Gefühl, daß das so ist? Oder ist es ein pathetischer Abschied?

FRISCH: Wieso unfair? Es ist allerdings eine Huldigung aus der Nähe, nicht auf Grund verzückter Unkenntnis, ja, und dann heißt es: »Das Ende haben wir nicht gut gemacht, beide nicht.« Empfinden Sie das als üble Nachrede? Ein Eingeständnis in Trauer, das ist es schon. Der Vorwurf, das Buch sei unfair gegenüber Ingeborg Bachmann, ist das Ihr eigener Vorwurf? Dann muß ich Sie bitten, daß Sie ihn begründen – an Hand des Textes ... Übrigens handelt es sich natürlich nicht um ein Porträt der Person, überhaupt liefert dieses Buch keine Porträts, dargestellt wird eine Gemütsverfassung, eine versöhnliche übrigens, auch keine Chronik, nein, da würde ja sehr vieles fehlen, was wichtig ist, aber in der temporären Gemütsverfassung nicht assoziiert wird. Zum Beispiel nicht die Kindheit, der ganze Weltkrieg nicht, das Militär nicht, Brecht nicht und so weiter. Ich weiß, das Montaigne-Motto hat viel Verwirrung gestiftet: »Dies ist ein aufrichtiges Buch, Leser.« Im Französischen heißt es: »*C'est un livre de bonne foi*«, und ich hätte nicht die vorhandene Übersetzung verwenden dürfen, sondern es hätte da heißen müssen: »Dies ist ein Buch in guten Treuen.« Und das ist es. Ich bereue es nicht.

FJR: Apropos Aufrichtigkeit, Treue, Wahrheit: Warum leben Sie so viel in Amerika, verlassen jetzt gerade wieder Zürich, in einem Moment, da Zürich fast wie ein Synonym für Unruhe in Europa steht?

FRISCH: Ich verstehe nicht ganz, was der Umstand, daß ich zur Zeit der Zürcher Unruhen, also im letzten Frühjahr und dann wieder im Herbst, in den USA gewesen bin, ich verstehe nicht, was das zu tun hat mit der grimmigen Frage nach meiner Aufrichtigkeit. Und daß ich Zürich wieder verlasse, grad' jetzt, wo Sie es als Synonym wichtig finden: ... *Zürich enters the sixties*, ja, als ich das in der »New York Times« las, dachte ich auch, das sei ein Aufguß von damals, und mit dieser Meinung kam ich zurück, hörte dann von Freunden, das sei etwas sehr anderes, was da stattfindet. Und es sei noch schwer zu analysieren. Die lesen nicht Marcuse, Marx schon gar nicht, Mao ist erledigt. Und nicht einmal die Hochbürgerpresse findet die sogenannten Drahtzieher. Ein Bankier vermutet: Das wird von Deutschland her geschürt. Von West-Deutschland. Konflikte sind ja immer importiert! Und trotzdem, ja, ich gebe es ja offen zu, Herr Raddatz, trotzdem flog ich im Herbst wieder gen Amerika. Und so gehen diese Unruhen eben weiter. Sie werden sich verschärfen. Schauen Sie sich die Zürcher City an: Eine alte Buchhandlung rentiert nicht mehr, eine Boutique muß her, Profit-Maximierung bis zur Selbstverblödung, und das frustriert ja nicht nur die Jugendlichen, aber die können noch auf die Straße gehen, die Bahnhofstraße. Wenn Sie etwa Lehrer sind, seien Sie vorsichtig. Die Repression in der Schweiz ist frappant. Und was da vor sich geht und so plötzlich, Herrgott, so plötzlich, nachdem wir, die Schriftsteller, seit Jahrzehnten darauf hingewiesen haben: Da bricht etwas in sich zusammen! Und dazu braucht es keine Nestbeschmutzer mehr, jetzt kommt der Schock, nämlich, daß gar die New York Times anfängt zu zweifeln, zu spotten oder sogar zu recherieren – da wird es halt für die Schweiz, als Bankplatz plötzlich ernst.

FJR: Aber für den Autor Frisch auch. Vielleicht bräuchte die Öffentlichkeit den Interpreten dessen, was da geschieht. Ihnen stünde ja wahrscheinlich sogar die *Neue Zürcher Zeitung* offen. Müßten Sie nicht Ihre Stimme erheben?

FRISCH: Ich muß Sie enttäuschen. Vor ein paar Jahren habe ich meine persönlichen Erfahrungen in der Schweizer Armee beschrieben, das mußte natürlich bestritten werden, und als ich die genannte Zeitung, unser einziges Weltblatt, darauf hingewiesen habe, daß ihre politische Kritik leider mit gefälschten Zitaten arbeitet, weder hat der Zitaten-Fälscher (Prof. Ernst Leisi, Universität Zürich) sich für das Versehen entschuldigt, noch hat die Chefredaktion (Dr. Fred Luchsinger) eine Berichtigung zugelassen. Soviel zu den Möglichkeiten, »die Stimme zu erheben«, wenn man dabeigewesen ist, und wie gesagt, bei den bisherigen Zürcher Unruhen bin ich nicht dabeigewesen. Ein junger Autor, Reto Hänni, ist dabeigewesen und hat geschrieben, was man in vier Tagen bei der Zürcher Polizei als Verhafteter erlebt, das konnte in Zürich dann als Privatdruck veröffentlicht werden, später bei Suhrkamp.

FJR: Man muß nicht das Schnitzel in der Pfanne gewesen sein, um ein Schnitzel in der Pfanne zu schildern. Ihnen muß ich doch nicht Flaubert zitieren. Sie wissen ja, um was es geht. Sie müssen nicht wirklich mit Steinen geworfen haben auf der Straße, um, was ich sage, der gute Interpret sein zu können. Eine ganz wesentliche Rolle, auch für die sogenannte bürgerliche Welt, auch in der Bundesrepublik, die eine Interpretation von ihnen läse, notfalls gar verstünde. Es nützt da gar nichts, daß alle Zeitungsredaktionen sich inzwischen den »jungen Mann fürs alternative Leben« engagiert haben. Auch Leute, die die ZEIT machen, würden wohl auf Frisch hören.

FRISCH: Wem, lieber Raddatz, wollen Sie damit schmeicheln? ... Zur Sache: Was wollen diese Jungen denn? Die wollen selber machen. Darum geht es ja doch. Die wollen keine Arrivierten als Hebamme, und daran tun sie auch gut, denke ich.

FJR: Da Sie das Wort arriviert benutzen – Erfolg, Geld: Was hat das mit Ihnen, Ihrem Leben gemacht?

FRISCH: Wie Sie mir auf den Leib rücken! Ich verdiene etwa soviel wie ein Chefarzt. Aber was Sie beunruhigt, das ist wohl eher der Erfolg, der schriftstellerische. Und da habe ich großes Glück gehabt, meine ich. Der Erfolg ist bei mir sehr langsam gekommen, der Ruhm kam sehr spät. Denken Sie an Grass, an Handke! Ich fürchte, mein Charakter wäre dem nicht gewachsen gewesen. Und trotzdem, ja, es stellt sich schon die Frage, wie Ruhm sich in der Werkstatt auswirkt.

FJR: ... Das *ist* meine Frage ...

FRISCH: Ich bin begabt im Vergessen. Beim Schreiben vergesse ich meistens, daß ich im Namen von Max Frisch arbeite, und dann fühle ich mich wohler.

FJR: Und in Ihrem persönlichen Leben? Reguliert so was nicht auch sehr stark das persönliche Leben, die Beziehung zu Frauen zum Beispiel?

FRISCH: Muß ich Ihnen darauf antworten?

FJR: Nicht, wenn Sie nicht wollen. Also eine andere Frage: Was ist das zentrale Problem? Welches zentrale Problem, meinen Sie, haben Sie nicht gelöst?

FRISCH: Ich dachte immer, das sei die Frage, die Sankt Peter stellen wird beim Check-in. Und dabei weiß er's schon, was Sie bloß vermuten: daß mir ganz vieles nicht gelungen ist. Das zentrale Problem? Wie bleibt man lebendig, wie offen kannst du dich denn halten zwischen dem Bildnis, das die anderen sich von dir machen und das du dir selbst machst, ja, das Ich und die andern, das ist für mich ein sehr zentrales Problem ...

FJR: Eigentlich sehr private Definitionen.

FRISCH: Privat, ja, dieses Schreckwort im deutschen Feuilleton seit ungefähr dreizehn Jahren ...

FJR: Wenn ich Sie eben gefragt habe, was scheint Ihnen nicht gelungen nach einem verhältnismäßig langen, kreativen Leben, sagen Sie, ganz vieles vielleicht nicht. Und Ihr ganzes Œuvre formuliert ja auch die Illusion der Bindung, die Grenze. Nur: wie Sie da heute sitzen und sprechen, spüre ich wenig Bitterkeit, gar Resignation, sondern ein sich auf freundliche Weise Abgefundenhaben. Ist das ein richtiger oder ein falscher Eindruck?

FRISCH: Warum haben Sie denn Bitterkeit erwartet? Trotz oder wegen des Bewußtseins von der Limitiertheit zum Beispiel der Zwei-Menschen-Beziehung? Was hilft, ist die Kreativität, Phantasie, die Möglichkeit, sofort eine Interpretation von einer Situation zu machen. Es ist nicht zufällig, daß ich ziemlich viel sehr früh über Eifersucht geschrieben habe, obwohl ich nicht mehr durchgemacht habe in dieser Branche als wahrscheinlich viele. Wobei die Eifersucht das klassische Beispiel ist für die Situation, die Sie sich mit halbem Wissen, mit Unwissen zusammenreimen, bis es stimmt. Sie können sich irrsinnig täuschen, hierüber, aber Sie sehen das – Warum tut er das? Warum tut sie das? – es ist klar, und Sie reimen das zusammen, und es kann für Sie die Lösung sein.

FJR: Kreativität als Chance zum Überleben? Als Überwinden von Verletzungen?

FRISCH: Man ist ja nicht nur verletzt, verdammt nochmal, manchmal auch glücklich. Aber sterblich, ja. Und was die Kreativität betrifft, ja, das ist auch so ein flinkes Wort. Was möchten Sie wissen?

FJR: Ob Literatur ein Stückchen Lebenshilfe für Ihr eigenes Leben ist.

FRISCH: Literatur als Therapie, so nennt es Adolf Muschg in seinen Frankfurter Vorlesungen, in der Tat, manchmal hofft man mit der Existenz zu Rande zu kommen, indem man sie darstellt, indem man sie darzustellen versucht, Literatur als Notwehr – oder wie Sie sagen: ein Stückchen Lebenshilfe.

FJR: Ist Ihnen das immer so gegangen, oder hat es Momente gegeben, wo Sie gemeint haben: Nein, ich mache jetzt Schluß, ich schaff's nicht mehr, ich schaff's auch nicht mehr durch die Phantasie-Therapie, mein Leben wieder in die Balance zu bringen?

FRISCH: Ihre Anteilnahme, Herr Raddatz, geht sehr weit . . .

FJR: Das ist der Sinn dieses Gesprächs. Da Sie nicht verneinen: Heißt das, daß Sie in Wahrheit jedesmal bei Null wieder anfangen, wenn Sie neu schreiben?

FRISCH: Ich weiß es nicht.

FJR: Es gibt ja Leute, die nach einer Weile einfach aufhören oder es nicht schaffen.

FRISCH: Wenn ich's nicht mehr schaffe, so werden Sie es gelegentlich erfahren. Warten Sie ab: Wenn ich weiterschreibe, so sicher nicht in der Meinung, die deutsche Leserschaft würde sonst warten. Aber wenn ich nicht arbeiten kann, das stimmt schon, dann wird es schwierig für mich. Ja. Sehr schwierig.

FJR: Hat das, was Sie eben geschildert haben, nicht auch etwas Unkeusches? Dieses Stück Selbsttherapie anderen Leuten zu offerieren? Erstmal und eigentlich ist es ja etwas, was man mit sich selber ausmacht. Woher kommt eigentlich der Hochmut, die hybride Geste, das andern auch mitzuteilen?

FRISCH: Diese Frage verstehe ich. Das fragt man sich selber in Stunden des Katzenjammers, und es gibt Leute und darunter Freunde, also Leute, die einen ja nicht verletzen wollen und daher nur hintenherum sagen: Warum kommt er mit seiner Therapie zu uns? Und das Element des Unkeuschen, ja, in dieser keuschen Gesellschaft! Je größer die geographische Distanz, um so weniger nimmt man es mir übel. Ein Mexikaner oder ein Pole, sogar schon die Amerikaner scheinen es nicht zu merken, geschweige denn ein Georgier, das Element des Unkeuschen scheint abzunehmen mit der geographischen Distanz. Wie erklären Sie mir das? Oder die Norweger oder Leser in einem sibirischen Arbeitslager, nein, es ist komisch: Offenbar merken die gar nicht, daß der Max Frisch immer von sich selbst schreibt und wie privat das alles ist, das heißt, daß es sie nichts angeht ... Langsam wird's blöd. »Der Mensch erscheint im Holozän«, nun ja, dieser Herr Geiser in der Erzählung ist nicht so viel älter als der Frisch, Herr Geiser verendet im Tessin, und dort hat Max Frisch doch ein kleines Haus, bitte, wenn das nicht autobiographisch ist! Und also privat! Und ich gebe zu: Die Wanderung, die der Herr Geiser macht vor seinem natürlichen Tod, ja, die kenne ich. Im topographischen Sinn, meine ich. Diese Beschreibung des Weges, wie auch anderes, was über das Val Onsernone berichtet wird, ist authentisch. Bin ich deswegen Herr Geiser? Es gab in dem Tal einen alten Mann namens Armand Schulthess, ehedem ein Beamter, ein Eremit, der jetzt, im Alter, plötzlich alles wissen wollte. Wie »Bouvard und Pecuchet«, die närrischen Enzyklopädisten. Und wie mein Herr Geiser, der seine Stube tapeziert mit inkohärenten Lexikon-Informationen. Um sich behaust zu fühlen in dieser Welt! Armand Schulthess hantierte anders, er schrieb das alles auf Blechdosendeckel und nagelte diese an die Baumstämme auf seinem Gelände, die Einstein-Formel, Literatur-Zitate, Zahlen aus der Statistik und so weiter, dazu seine eigenen Erkenntnisse: »Der größte Vogel kann nicht fliegen«, was ja wahr ist, ja, und wenn man sich näherte, warf er mit Steinen, er wollte einsam sein in seinem Enzyklopädie-Wäldchen und starb vor einigen Jahren. Armand Schulthess: das Modell für meinen Geiser, nein, das kann und muß der Rezensent ja nicht wissen, aber wie kommt jeder zweite Rezensent zu der Unterstellung, das alles sei halt wieder autobiographisch? Es gibt da kein Gesetz, das von Rezensenten etwas verlangt, zum Beispiel begriffliche Genauigkeit. *Authentisch* gleich *autobiographisch* gleich *privat* gleich *indiskret* oder *irrelevant* und so weiter ... Eigentlich fragen Sie mich, ob ich mich denn nicht schäme. Nicht daß Sie das wirklich wissen wollen. Aber wie zieht der Befragte sich aus der Affäre? Und das ist doch der Witz, ja, das Feuilleton ist doch der unterhaltende Teil einer sonst so ernsten Zeitung. Sind wir unterhaltend? Ich hoffe sehr, lieber Raddatz, aber was nun die Sache betrifft, ich meine die Schriftstellerei, grad' meine Art von Schriftstellerei, die der Öffentlichkeit offeriert, wie Sie sagen »offeriert«, was ich erlebe, aber nicht nur ich, was neunzig von etwa hundert erleben, aber dem Nachbarn oder sich selbst verhehlen, das ist riskant, ja, das ist es in der Tat. Hat aber Literatur, ich meine, was nach der Meinung eines Großkritikers diesen Namen verdient, hat das nichts zu tun mit der konkreten Erfahrung der *condition humaine*, also was ihr das Private nennt, oder wie ist das? Das wäre meine Frage an Sie, lieber Raddatz.

Ich möchte ein Don Quixote sein

Gespräch mit Roger Garaudy

FJR: Ihr neues Buch ist ein Sensationserfolg. Warum?

GARAUDY: Es ist ein globales Werk, das gleichzeitig die Beziehungen des Menschen zur Natur umfaßt, wie die Beziehungen der Menschen untereinander, das heißt die politischen Beziehungen; und die Beziehungen der Menschen zu Gott.

FJR: Einige Sätze in Ihren Büchern sind den Parolen der »Grünen« in Deutschland sehr ähnlich.

GARAUDY: Ja, ich stimme mit Ihren »Grünen« überein, aber meiner Ansicht nach kann man nicht allein die Natur verteidigen, das ist nicht die ganze Politik.

FJR: Wenn ich mich recht erinnere, haben Sie Politik einmal eine Synthese aus Marx und Rimbaud genannt. Was heißt das konkret?

GARAUDY: Ich denke, daß Glaube und Politik untrennbar sind. Für mich besteht die Gemeinsamkeit darin, daß man sowohl in der Politik wie auch im Glauben persönlich verantwortlich für die Zukunft der anderen ist. Dies ist auch die Hauptthese meines Buches »L'appell aux vivants«: Das Problem des Wachstums ist weder nur ein ökonomisches noch lediglich ein politisches Problem, sondern in erster Linie ein religiöses.

FJR: Noch einmal: was heißt das konkret für einen Politiker, der für die Präsidentschaftswahlen kandidiert, was wollen Sie konkret ändern?

GARAUDY: Wir wollen gleichzeitig die Menschen und das System verändern.

FJR: Das hat schon Marx proklamiert.

GARAUDY: Ja. Ich glaube, man kann das System nicht verändern, ohne den Menschen zu ändern, er ist Teil dieser Gesellschaft. Und umgekehrt kann man die Gesellschaft nicht verändern, wenn man sich nicht selbst verändert.

FJR: Was wollen Sie mit der Atomkraft machen?

GARAUDY: Wir wollen sie ganz einfach abschaffen. Es ist nicht die Atomkraft, es ist die Atomillusion. Selbst wenn Frankreich alle atomaren Quellen ausschöpfen würde, würden wir nur ungefähr zehn Prozent der amerikanischen Atomkraft erreichen. Daher kann es nicht Atomkraft, sondern nur Atomillusion heißen. Sie nützt nur denen, die sie produzieren, die daran verdienen. Das sind die einzigen, denen die Atomkraft in Frankreich nützt. Für die Verteidigung Frankreichs ist sie unwesentlich. Für unser Volk ist sie eine wahre Katastrophe.

FJR: Glauben Sie, mit derlei Parolen Wähler gewinnen zu können?

GARAUDY: Ich glaube, daß es eine wachsende Anzahl von Franzosen gibt, die so denken. Und das ist interessant. Wenn Sie sich die Ergebnisse der letzten (Teil-)Wahlen ansehen, dann werden Sie feststellen, daß alle sogenannten großen Parteien, das heißt die vier offiziellen Parteien, bei jeder Wahl mindestens fünf bis sechs Prozent Wähler verloren haben.

FJR: Und Sie glauben, daß nun ein Parteiloser Präsident werden kann, dessen Vergangenheit immerhin kein unbeschriebenes Blatt ist? Ihr Bruch mit der Kommunistischen Partei war vor zehn Jahren?

GARAUDY: Ja. 1970. Nicht ich habe mit den Kommunisten gebrochen, man hat mich vor die Tür gesetzt.

FJR: Sie waren 37 Jahre lang in der Kommunistischen Partei?

GARAUDY: Ich war 25 Jahre lang Mitglied des ZK und zwölf Jahre lang Mitglied des Politbüros. Da war ich Funktionär.

FJR: Auf jeden Fall waren Sie Mitglied und Funktionär schon während des Stalinismus.

GARAUDY: Nein, ich war Philosophie-Professor, und ich

wurde am 14. September 1940 verhaftet. 1947 wurde ich ständiges Parteimitglied.

FJR: Wie kann man Kommunist und hoher Funktionär dieser Partei sein, wenn man von den Verbrechen Stalins gewußt hat?

GARAUDY: In Wirklichkeit wußte niemand von den Verbrechen Stalins. Ich glaube auch, wenn man behauptet, daß das deutsche Volk von allen Verbrechen Hitlers gewußt hat, daß das nicht wahr ist. Die Mehrheit des deutschen Volkes wußte es nicht. Wir haben von Stalins Irrtümern nach dem 20. Parteitag erfahren, als Chruschtschow die Tatsachen auf den Tisch gelegt hat.

FJR: Haben Sie niemals Koestlers »Sonnenfinsternis« gelesen?

GARAUDY: Doch, ich habe Koestler gelesen.

FJR: Und Sie behaupten dennoch: Ich habe es nicht gewußt, nicht vor dem 20. Parteitag? Sie kennen den Satz von Bertolt Brecht, den man ja nicht direkt einen Antikommunisten nennen kann: um so schlimmer für sie, wenn sie unschuldig waren; die Moskauer Angeklagten nämlich. Das beweist zwei Dinge: Die Dialektik von Brecht, aber auch, daß er sehr gut wußte, was mit den Prozessen in Moskau los war.

GARAUDY: Bertolt Brecht fühlte sehr wohl, daß das System an Sklerose litt. Aber ich glaube nicht, daß er diese Prozesse gekannt hat, er wußte damals nicht mehr davon als ich. Ich kannte ja Stalin persönlich sehr gut, sehr nahe, habe öfter mit ihm gegessen. Er hat immer den Eindruck eines »guten Kameraden« auf mich gemacht, eines bescheidenen, seiner Sache ergebenen Menschen, ohne Prunk, ohne Orden, in seiner einfachen Soldaten-Litewka. Ich erkannte in ihm nicht den Diktator.

FJR: Teilen Sie dennoch Brechts Standpunkt?

GARAUDY: Absolut. Doch wehre ich mich gegen Pauschalurteile: Es wäre ungefähr so, als ob wir das ganze deutsche

Volk für die Verbrechen Hitlers verantwortlich machten, und sie wußten auch nichts davon.

FJR: Das ist nicht genau meine Frage; ich spreche nicht vom russischen Volk. Ich spreche von den hohen Funktionären der Kommunistischen Partei. Sie haben doch andere Informationen gehabt als »das Volk«. Sie sind gereist, sie haben Konferenzen besucht – sie waren verantwortlich, gar mitschuldig. Was hat Sie zu dem Bruch mit der Partei gebracht?

GARAUDY: Drei Dinge im Jahr 1968: Das erste war der Studentenaufstand. Ich wollte eine gemeinsame Basis von Studenten und Arbeitern, Marchais nicht. Er hat zwar niemals, wie ihm vorgeworfen wurde, vom deutschen Juden Cohn-Bendit gesprochen, sondern vom deutschen Anarchisten; aber er lehnte alles ab, was »auf der Straße« passierte.

Der zweite Grund: Die Ereignisse in der Tschechoslowakei. Ich wollte, daß man diese Intervention, diesen Einmarsch nicht für einen Irrtum der Sowjets hielt, sondern für die interne Logik ihres Systems. Dies stellte natürlich den sozialistischen Charakter ihres Systems in Frage.

Und der dritte Grund bestand in meiner Opposition gegen das Parteiprogramm, zu dem ich ein Gegenprogramm entwickelt habe.

FJR: Sie haben in der Einführung zu Ihrem Buch »Paroles d'Hommes« davon gesprochen, daß dieser Entschluß, dieser Bruch in Ihrem Leben Sie zu dem damaligen Zeitpunkt beinahe zum Selbstmord getrieben hätte. Man muß auch davon sprechen, daß Aragon, der ihr Freund und Bewunderer war, dem eines Ihrer schönsten Bücher gilt, dazu geschwiegen hat.

GARAUDY: Für mich war das kein Bruch, denn ich hatte in der Partei viele gute Freunde gehabt. Ich habe drei Jahre Basisarbeiten mit ihnen gemacht.

FJR: Aber deren Reaktion, gar Hilfe und Solidarität war gleich null.

GARAUDY: Daß ich auf dem Kongreß, der mich ausschloß, allein dastand, erstaunte mich nicht; ich kannte die Mechanismen zu gut; ich verstand auch Aragon. Ich hatte zuvor noch lange mit ihm telephoniert, er hatte mir gesagt, daß er meiner Meinung sei, aber daß ich mich in eine aussichtslose Position begeben hätte.

FJR: Aber das war doch feige, es ist genau die Situation wie in Hitler-Deutschland: Man kannte die Familie Goldstein im dritten Stock, aber man sagte nichts, vielleicht gab man den Kindern eine Tafel Schokolade. Und genau das hat Aragon mit Ihnen gemacht. Er hat Ihnen ein kleines Buch geschickt, mit einer freundschaftlichen Widmung – »Louis à Roger, comme toujours« – und hat nie ein Wort zu Ihrer Unterstützung in der Öffentlichkeit gesagt.

GARAUDY: Das stimmt auf gar keinen Fall, das hat überhaupt nichts miteinander zu tun. Die Grundidee von Aragon zu dieser Zeit bestand darin, die Grundsätze der sowjetischen Partei in Frage zu stellen, er machte das in seiner Zeitung *Lettres françaises.* Wenn er den Mund aufgemacht hätte, dann wären die *Lettres françaises* verschwunden.

Aragon hatte eine andere Auffassung von der politischen Wirksamkeit als ich, ich verurteile ihn überhaupt nicht. Die Begegnung mit Aragon, die Freundschaft mit ihm, gehört zum Kostbarsten meines Lebens. Das heißt nicht, daß da nie Widerspruch gewesen wäre. Als Aragon in seinem »Théâtre-Roman« schrieb, »keine der Frauen, die ich je geliebt habe, habe ich so geliebt wie den Spiegel meiner selbst«, fragte ich ihn entsetzt: »Aber das heißt ja, Louis, daß du dich und uns ein Leben lang getäuscht hast, daß du deine politische Verzweiflung gegen dein innerstes Selbst zu kehren beginnst.«

Sie sehen, es gab durchaus Entfernungen und Differenzen,

Dunkelheiten auch, etwa wenn er mir als Reaktion auf meine Studie zu seinem Werk schrieb, der Begriff »Hoffnung«, den ich als Grundmuster seiner Arbeiten verwandte, sei für ihn immer ein historischer gewesen, nie einer für sein persönliches Leben. Aber dann besuchte ich ihn in seiner Mühle, er war schon 70 Jahre alt, und wie er da von seinem Leben mit Elsa Triolet sprach, von seiner Liebe – so habe ich noch nie einen Mann über eine Frau sprechen hören; das hatte nichts mehr mit Literatur zu tun, es war ein kleines Stück Unsterblichkeit. Nein, Sie werden von mir nie ein Wort gegen Louis Aragon hören.

FJR: Sie machen jetzt einen Unterschied zwischen politischem Konzept und menschlicher Haltung, obwohl sonst der Zusammenfall beider Kategorien zu Ihrem Konzept gehört.

GARAUDY: Das stimmt überhaupt nicht, es gibt da überhaupt keine Trennung, ich denke niemals an menschliche Wirksamkeit einerseits und politische Wirksamkeit andererseits. Ich sage lediglich, daß die Haltung Aragons aus seiner Vorstellung einer politischen Wirksamkeit heraus erklärt werden muß.

FJR: Heißt das, daß Sie immer noch Marxist sind?

GARAUDY: Ich hoffe doch, ja. Marxismus bedeutet für mich aber keinen Katalog von Prinzipien und Gesetzen. Ich habe im Gegenteil zeit meines Lebens versucht, Dinge und Menschen miteinander im Dialog zu halten. Sie haben ja selber einen Essay von mir in Ihrer Anthologie »Warum ich Marxist bin« gedruckt, der dieses Thema variiert, und Sie kennen meine beiden Bücher – geschrieben auf dem Höhepunkt des Kalten Krieges – »Die Kirche, der Kommunismus und die Christen« und »Von Anathema zum Dialog«, das immerhin Karl Rahner eingeleitet hat – schon damals Versuche, religiöses – nicht kirchliches – Denken zu integrieren.

FJR: Spricht da ein westlicher Guru, ein enttäuschter Funktionär, ein Prophet des Jahres 2000 oder ein ernstzunehmender Politiker?

GARAUDY: Ich bin kein Prophet. Aber meine Veranstaltungen werden zu achtzig Prozent von jungen Leuten besucht. Mein Entwurf, daß im Menschen etwas Göttliches verborgen ist, hat nichts mit Frömmelei oder Weltabgewandtheit zu tun – und auch nichts mit dem enttäuschten Funktionär, sondern mit dem Aufarbeiten einer alten philosophischen, humanistischen Tradition. Ich verrenne mich nicht in Antikommunismus. Wenn ich heute Marchais treffe, wie neulich bei einem Theodorakis-Konzert oder einem diplomatischen Empfang, sagt man sich: »Wie geht's« – und das ist es. Ich will Ihnen etwas sagen: Eher akzeptiere, ja wünsche ich mir den Namen »Don Quixote«.

FJR: Wählt man einen Don Quixote? Wer will einen Staatschef im Elysée, der gegen Windmühlen kämpft?

GARAUDY: Ob ich gewählt werde, hängt nicht von mir ab. Aber ich wende Ihr polemisches Bild gegen Sie: Es wollen heute vielleicht mehr Menschen Windmühlen als dies verdammt Teufelsding Kernenergie.

FJR: Kein Widerspruch. Nur ist es ja noch kein Programm, irgend etwas nicht zu wollen. Schießen die vielerlei Elemente Ihres Ideengebäudes nicht eher zu einer Erweckungslehre zusammen, als daß sie ein echtes politisches Programm bilden – von neuen moralischen Impulsen getragen, wie Sie sie fordern und behaupten?

GARAUDY: Sie reduzieren mich auf das Leporello Ihrer »Grünen«. Ich gehe weiter und, verzeihen Sie, tiefer. Sie wissen so gut wie ich – denn das ist bei Ihnen in Deutschland nicht anders –, daß es einen Hunger nach Sinngebung gibt, ein Defizit an Wertangeboten, die über Auto und Waschmaschine hinausgehen, ein skeptisches Mißtrauen gegen die pragmatischen Macher, ob sie Helmut Schmidt oder Giscard d'Estaing heißen. Der überraschende Erfolg meines Buches hängt doch damit zusammen, zum Beispiel mit dem Appell-Charakter.

FJR: Wie bringen Sie die Begriffe Glaube, Transzendenz und Politik zur Deckung?

GARAUDY: Transzendenz ist die Forderung des christlichen Glaubens und zugleich jeglicher revolutionärer Handlung. Nur nach den radikalen Terminologien wäre eine Revolution möglich. Ich habe die Gedanken von Marx in meinem Buch »Le Déterminisme Economique« zusammengefaßt. Marx sagte zu Dogmatismen aller Art: »Wenn das der Marxismus ist, dann bin ich kein Marxist.«

FJR: Das stimmt nicht. Er sagte das zu seinem Schwiegersohn Paul Lafargue, weil er nicht akzeptierte, was Lafargue dachte und machte. Er sagte: »Wenn Sie sich Marxist nennen, dann bin ich kein Marxist.«

GARAUDY: Nein, das ist keine Frage des Kontexts.

FJR: Also: man muß erst die Welt verändern und dann verändert sich der Mensch?

GARAUDY: Ja. Denken Sie an eine Idee, die man sehr oft bei Marx findet, im »Kapital« beispielsweise: Der Unterschied zwischen der naturgeschichtlichen Entwicklung und der Menschheitsgeschichte liegt darin, daß der Mensch die erstere nicht, die letztere aber sehr wohl gemacht hat und macht.

FJR: Roger Garaudy also als ein Politiker, ein Denker, der beides ist: religiös und Marxist? Denn Sie versuchen offenbar eine Synthese aus beidem zu machen, aus dem Glauben und aus den beiden Möglichkeiten, die Welt zu verändern?

GARAUDY: Seit einem Jahrhundert stellen wir fest, daß es möglich ist, neben einer christlichen Überzeugung auch eine revolutionäre zu haben. Wie der Sekretär der italienischen KP vor einiger Zeit in seiner Rede von Bergamo sagte: unter bestimmten geschichtlichen Bedingungen muß Religion kein Opium, sondern kann im Gegenteil ein Keim für die soziale Befreiung sein.

FJR: Ist Ihr neues Konzept eine Art revolutionäre Theologie?

GARAUDY: Jedenfalls keine neue Religion.

Aus dem Französischen von Ann Schröer

Kritik ist ein Zeichen von Loyalität

Gespräch mit Günter Grass

FJR: Was sagen Sie zu den Reaktionen auf Ihr Manifest?

GRASS: Von allen mir bisher bekannten ist die des Regierungssprechers Bölling die wichtigste. Natürlich hatten wir keine Zustimmung erwartet, sondern Kritik. Wir kennen ja die Abhängigkeit der Bundesregierung...

FJR: Abhängigkeit wovon?

GRASS: Von den USA. Überrascht allerdings hat der schnöselhafte Ton, mit dem Herr Bölling vier Autoren abqualifiziert, die in beiden deutschen Staaten ihre Erfahrungen gemacht haben. Ich bin einigermaßen befremdet über die oberlehrerhafte Art, mit der Herr Bölling meint, uns Lektionen erteilen zu müssen, im Stil seines Satzes: »Es wäre besser gewesen, wenn die Schriftsteller vorher gründlicher nachgedacht hätten, wer denn die jetzige Lage hervorgerufen hat.« Unser Appell richtet sich nicht an die sowjetische Regierung, sondern an die unsere, und wir wissen, daß die Bundesregierung nicht den Einmarsch in Afghanistan zu verantworten hat, daß sie dagegen scharf protestiert hat, und nicht nur die vier unterzeichneten Schriftsteller sind über den Verdacht erhaben, auch ihrerseits die sowjetische Gewaltaktion nicht schärfstens zu verurteilen. Wenn Herr Bölling seinerseits nachgedacht hätte, dann wüßte er zum Beispiel, daß die Unterstellung, wir weckten antiamerikanische Ressentiments, sehr peinlich an die Strafaktion etwa gegen einen Schriftsteller wie Thomas Brasch erinnert, der wegen »anti-sowjetischer Tätigkeit« verhaftet und ins Gefängnis gesperrt wurde, nachdem er in der DDR in Flugblättern gegen den Einmarsch der sowjetischen und der DDR-Truppen in Prag protestiert hatte; daß Peter Schneider zum Beispiel Mitbegründer eines Komitees zur Befreiung des in der DDR inhaftierten Rudolf Bahro war; daß Thomas Brasch und Sarah Kirsch aus bekannten Gründen ihre Heimat, die DDR, verlassen mußten.

Unseren Appell »unbalanciert« zu nennen, erinnert mich auf unerfreuliche Weise an das bundesdeutsche Modewort »unausgewogen«. In unserem Manifest hatte eine Analyse der Situation in Teheran keinen Platz – sie wäre in jedem Fall nicht zugunsten des Westens und der USA ausgefallen. Jahrelang hat der Westen gegen alle Kritik – die immerhin in Berlin begann, wo schon damals die gegen den Schah demonstrierenden Studenten einen Toten zu beklagen hatten – an der unheiligen Allianz mit dem Schah festgehalten.

FJR: Das rechtfertigt doch aber wohl nicht, was umgekehrt im Iran jetzt geschieht, wo man nicht zu Unrecht den Ajatollah einen Schah im Turban nennt.

GRASS: Wenn man ein Volk wie das des Iran so anhaltend kränkt und verletzt, Kultur und Religion so grundlegend mißachtet und zerstört, dann darf man sich nicht wundern, wenn es im Rausch seiner Befreiung selbst zu einer Maßnahme wie der empörenden der Geiselnahme greift – wenn die auch unser Rechtsempfinden verletzt; auch ich bin gegen Geiselnahme. Aber die Deklaration der USA, das Gebiet des Persischen Golfs gehöre zu ihrem Interessengebiet, ist die Sprache der Sowjetunion.

FJR: Finden Sie tatsächlich, daß es nicht Augenblicke in der Politik, in der Geschichte gibt, wo man sich auch außerhalb der eigenen Grenzen verteidigen muß? Was soll Ihrer Meinung nach der Westen denn tun?

GRASS: Der Präsident hat – wie wir – jede Möglichkeit, sich beim iranischen Volk mit ernstgemeinten Worten zu entschuldigen ...

FJR: Bei einem Chomeini, der ja wohl nicht mehr zurechnungsfähig ist?

GRASS: Auch der Schah war nicht zurechnungsfähig, hat eine Blutspur hinterlassen und wurde dennoch vom Westen ausgehalten. Gewiß ist das irrationale Verhalten Chomeinis fremd und erschreckend – aber vergliche ich es mit den außenpolitischen Aktivitäten der USA, so käme ich nicht zu einem für die USA schmeichelhaften Schluß. Diese Mischung aus moralischem Appell und handfester Drohung erinnert an die Dramaturgie eines mittelmäßigen Westernfilms: »Wenn die Indianer nicht hören wollen, müssen sie fühlen.« Hinzu kommt, daß die angedeuteten Maßnahmen wie Wirtschaftsboykott oder Fernbleiben von den Olympischen Spielen offenkundig dem inneramerikanischen Wahlkampf dienen. Europa ist aber nicht dazu da, in einer so gefährlichen Doppelkrise dem amerikanischen Präsidenten Wahlkampfhilfe zu leisten; die europäischen Staaten müssen von der Erfahrung zweier Weltkriege ausgehen. Kein anderer Kontinent hat unter ihnen und ihren Folgen so leiden müssen. Wir, lebend in einer geteilten Nation, wissen, wovon wir reden.

FJR: Wer ist wir?

GRASS: Es ist der Öffentlichkeit und offensichtlich auch Herrn Bölling vielleicht entgangen, daß nicht zufällig dieser Appell formuliert wurde von zwei Autoren, die aus der DDR emigrierten, und zwei westdeutschen Schriftstellern. Unabhängig davon, daß sich bis jetzt bereits über hundert Schriftsteller und Künstler unserem Manifest angeschlossen haben, spiegelt sich darin doch die Tatsache, daß seit Beginn der Afghanistan-Krise alle europäischen Staaten, Ost wie West, eine differenzierte Haltung ihren Großverbündeten gegenüber eingenommen haben. Deshalb sprechen wir, ausgehend von der europäischen Erfahrung, in unserem Manifest durchgehend von der deutschen Verantwortung in dieser Doppelkrise. Ich füge hinzu, daß zumindest die vier Unterzeichner voller Bewunderung für Augenmaß und politischen Mut des Bundeskanzlers seit Beginn dieser Krise sind.

Eine so floskelhafte Antwort wie die des Regierungssprechers ist allerdings ihrerseits anmaßend. Darf ich daran erinnern: In diesen Tagen kann sich auch die deutsche Presse nicht genug darin tun, Respekt vor der Radikalität und steten Protesthaltung Jean-Paul Sartres zu bezeugen, der wahrlich unbequemere Manifeste entworfen und publiziert hat. Ohne unangebrachten Vergleich: Wenn man uns, gar noch vier Berliner Schriftstellern, es besonders ankreidet, daß wir der Regierung der USA das Recht absprechen, andere Völker Moral zu lehren, dann muß schon an Vietnam erinnert werden, an die Dezimierung eines Volkes, an Napalm, an entlaubte Wälder und an des Diplomaten Kissinger Meisterstück, zum Schluß noch das vorsichtige Kambodscha hineinzuziehen; Folge einer falschen Diplomatie des 19. Jahrhunderts, an der wir noch heute kranken. Ferner muß auch erinnert werden an die Unterstützung der griechischen Obristen durch die USA, an den von den USA mitzuverantwortenden Sturz Allendes, an Nicaragua oder an die Unterstützung des korrupten Diktators Somoza. Wohin man blickt: eine unmoralische Politik. Trotzdem, so erstaunlich das klingt, sehe ich, der oft in Amerika ist und Amerika liebt, dort unseren Verbündeten; aber ich halte in dieser Situation Kritik für das beste Zeichen von Loyalität.

FJR: Einmal den unwahrscheinlichen Fall angenommen, Sie hätten Carters Ohr, was würden Sie ihm raten?

GRASS: Lassen Sie mich zweimal den Rat verschlucken, ins Privatleben zurückkehren, lieber privat als öffentlich zu dilettieren. Raten würde ich ihm zu Beratern, die versierte Außenpolitiker sind, voller Kenntnis der Kompliziertheit der europäischen Staaten und der Dritten Welt. Raten würde ich vielleicht auch, an den Beginn seiner Präsidentschaft, des Credos zu den Menschenrechten, zurückzukehren und darüber nachzudenken, was das iranische Volk so weit gebracht hat, Geiseln zu nehmen.

FJR: Halten Sie den studentischen Mob, der auf rasche Regieanweisung internationaler Fernsehteams hin die drohenden Fäuste reckt, für das iranische Volk?

GRASS: Ein beleidigtes Volk hat oft keine andere Möglichkeit, als im Unrecht Zuflucht zu suchen – um sein Recht durchzusetzen.

FJR: Aber Sie können doch den USA bis zur Stunde jedenfalls nicht alle Behutsamkeit absprechen. Es ist ja gerade dieses vorsichtige Zögern, das die amerikanische Öffentlichkeit gegen die Politik des Präsidenten aufbringt.

GRASS: Mir genügen bereits die moralischen Drohgebärden, die einen so umsichtigen Mann wie Helmut Schmidt dazu bringen, von einer Situation des Jahres 1914 zu sprechen.

FJR: Sie erwähnten vorhin Sartre. Aber es war Sartre und eine in der französischen Öffentlichkeit sehr einflußreiche Gruppe französischer Intellektueller wie Raymond Aron, Simone de Beauvoir, Michel Foucault und Simone Signoret, die eine ganz gegensätzliche Position wie Sie manifestierten und zum Olympia-Boykott unmißverständlich aufriefen.

GRASS: Wer hat eigentlich während des Vietnam-Krieges an einen Boykott der in Amerika stattfindenden Olympiade gedacht? Das wäre damals genauso unsinnig gewesen, trotz aller moralisch berechtigten Entrüstung. Und was den wirtschaftlichen Boykott anbetrifft, so befinden wir vier uns in einer fast befremdlichen Allianz mit Otto Wolf von Amerongen oder Berthold Beitz: Ein Röhrenembargo hat so viel, will sagen: so wenig genutzt wie alle Boykottmaßnahmen der Geschichte von Napoleon über Rhodesien bis Berlin. Es ist ein untaugliches Mittel der Politik. Es erreicht nicht, was damit erreicht werden soll – und es birgt die Gefahr des Dritten Weltkrieges, des endgültigen Krieges.

FJR: Trotz dieser sehr heftigen Kritik an bestimmten Positionen der Bundesregierung engagieren Sie sich seit Anfang dieser Woche im Wahlkampf für diese Regierungskoalition und haben das offenbar auch für den Bundestagswahlkampf vor.

GRASS: Ich habe keine Begabung, die beleidigte Leberwurst zu spielen. Meine Gründe für die Unterstützung dieser Regierung liegen auf dem Gebiet der Innenpolitik und, wenn ich das hinzufügen darf, nach wie vor in der Bewunderung für eine integre und wichtige Persönlichkeit wie die Willy Brandts, der nach so extremen persönlichen und politischen Niederlagen auf vorbildliche Weise zur Lösung des Konfliktes beizutragen versucht, der uns wirklich alle ruinieren kann, nämlich des Nord-Süd-Konflikts. Diese Regierung vertritt für mich immer noch die einzige vertretbare Alternative zu einer CDU/CSU unter Strauß. Mir liegt zum Beispiel daran, auch Herbert Wehner, einen so unbequemen Mahner, der alle paar Wochen den unsäglichsten Diffamierungen ausgesetzt ist, als jemanden darzustellen, der mehr für Deutschland getan hat, als man in Sonthofen jemals begreifen wird. Mein Referat im Wahlkampf wird die Überschrift tragen »Orwells Jahrzehnt«.

FJR: Das hört sich eher literarisch als politisch an.

GRASS: Ich setze auch bewußt literarisch an, auch mit dem Selbstbewußtsein des Schriftstellers, der diese Negativ-Utopie vielleicht genauer mit unserer gesellschaftlichen Wirklichkeit konfrontieren kann als ein auf persönliche Wahlerfolge erpichter Politiker. Ich bin ein unabhängiger Mann.

Deshalb liegt mir an zweierlei: Einmal die Frivolität und Menschenfeindlichkeit unserer gegenwärtigen Technologie, bereits weit über Orwell hinaus, als die Ursache realer Ängste darzustellen, nicht zuletzt der jungen Generation. Und zum zweiten die Notwendigkeit einer fortgesetzten Entspannungspolitik als eine der größten Aufgaben der achtziger Jahre zu formulieren. Ich bin Schriftsteller, und deshalb halte ich den Begriff der Kulturnation für eine uns angemessene Möglichkeit. Wir kommen hier vielleicht ein wenig vom Thema ab, lassen Sie mich trotzdem sagen, daß ich es unerträglich finde, daß wir alle möglichen Veterinärabkommen, Reiseerleichterungen und Verkehrsverträge schließen, während Willy Brandts explosiver Vorschlag einer Nationalstiftung in Ministerialschubladen verkommt.

FJR: Wären Sie, Günter Grass, ganz persönlich bereit, da eine Aufgabe, um nicht zu sagen Funktion, zu übernehmen? Um es in der Sprache der Politiker zu kleiden: Stünden Sie zur Verfügung?

GRASS: Das wäre eine Aufgabe, für die ich, wenn sie ernsthaft formuliert und ernsthaft an mich herangetragen würde, Verantwortung übernehmen würde.

Humor und Satire en gros

Gespräch mit Ephraim Kishon

FJR: Sie kennen das schöne Wort von Gottfried Benn, das er allerdings auf Kriminal-Literatur geprägt hat: »Radiergummi fürs Gehirn«. Sind Sie ein Radiergummi fürs Gehirn?

KISHON: Ich glaube, ich bin eher ein *spice*, wie es englisch heißt.

FJR: Ein Gewürz.

KISHON: Ja, ich bin ein Gewürz; man kann natürlich sagen, Gewürz ist etwas Wunderbares, aber nur Gewürz ist von Übel.

FJR: Nur Knoblauch ist ungenießbar. Was wollen Sie denn würzen?

KISHON: Ich will mich nicht zu jemandem stilisieren, dessen Sinn danach stünde, die Weltprobleme zu lösen oder die Gesellschaft zu beglücken. Ich will Erfolg haben. Ich will eine große Auflage, ich will anerkannt sein, gute Kritiken bekommen. Ich will alles, was jeder Schriftsteller will.

FJR: Das finde ich bereits falsch. Das will natürlich *nicht* jeder Schriftsteller.

KISHON: Ach ja, das ist ja weltbekannt, jeder Schriftsteller will das Gegenteil davon: will erfolglos sein; will nicht gelesen werden; will keine große Auflage haben – das wollen Sie doch sagen?

FJR: Ich will vor allem ein seriöses Gespräch ohne Witzchen führen. Ich meine was anderes. Das, was Sie als Credo verkünden, ist sehr außengesteuert. Sie denken immer an die Kategorien außerhalb Ihrer selbst: Publikum, Erfolg, Leser, Geld. Es gibt aber Schriftsteller – und das waren eigentlich die Schriftsteller, an die man heute denkt, wenn man an Literatur denkt – die davon erstmal gar nicht gesteuert waren, Rimbaud oder Kafka, um mal irgendzwei Autoren zu nennen ...

KISHON: Aus reiner Höflichkeit unterbreche ich. Kafka ist gestorben für Erfolg. Er verzehrte sich danach. Er ist gestorben, weil er keinen Erfolg hatte.

FJR: Ich dachte, er ist an Lungentuberkulose gestorben.

KISHON: Jetzt sind *Sie* unseriös. Es war das Lebensproblem von Kafka, daß er keinen Erfolg hatte.

FJR: Das ist was anderes. Aber er hat nicht geschrieben, um Erfolg zu haben.

KISHON: Natürlich hat er geschrieben, um Erfolg zu haben. Er war so gierig, Erfolg zu haben, daß er sein ganzes Leben als Debakel sah, weil er den nicht gehabt hat.

FJR: Wir reden aneinander vorbei. Ich meine ja nicht, daß nicht jeder Autor, selbst der hermetischste, sich freut, wenn er Erfolg hat, gute Kritiken bekommt. Wir kennen alle die Anekdote, daß Stefan Zweig, ein Welterfolgsautor, sich angeblich umgebracht hat wegen einer negativen Kritik in der *New York Times*. Sie sagten, Sie wollten niemanden glücklich machen, gar die Welt verändern.

KISHON: Ich will meine Meinung sagen, ich will Leute überzeugen . . .

FJR: Wovon?

KISHON: Von Sachen, die ich richtig finde.

FJR: Was finden Sie richtig?

KISHON: Das kann für Israel sein – das kann – gegen die beiden Heiligen Kühe, Ehe und Einkommenssteuer sein; zwei Institutionen, die uns ständig zum Betrügen zwingen.

FJR: Liegt in Ihrer Art Literatur nicht die Gefahr, daß das zum Spiel verkommt? »Radiergummi fürs Gehirn« – das heißt ja, die Menschen nicht bewußt, sondern ohnmächtig machen bestimmten großen Problemen gegenüber; sie ins Unbewußte einzuschunkeln wie ein Kind in der Wiege, damit sie zum Schluß schlafen. Ist die Gefahr Ihres Schreibens nicht, daß die Leute lediglich schmunzelnd eingeschunkelt werden?

KISHON: Ja, ich fürchte, damit haben Sie recht. Nur bin ich – auch in Ihrem Fall – das Opfer einer bestimmten Optik: Ich bin in Israel einer der schärfsten Regimekritiker; aber das übersetzt man nicht.

FJR: Heißt das, daß es einen Teil Ihres Œuvres gibt, der der deutschen Öffentlichkeit überhaupt nicht bekannt ist? Warum nicht?

KISHON: Weil mein Verleger – ein ausgezeichneter Verleger, er hat mir einen riesengroßen Erfolg gemacht, ich kann nicht böse sein auf ihn – überzeugt davon war, daß, wenn ich ein völlig anderes Buch veröffentliche, einen Un-Kishon, ich dann mein Publikum verliere.

FJR: Schon wieder »außengesteuert«. Warum lassen Sie sich so etwas von einem Verleger sagen? Ein Verleger muß doch tun, was Sie wollen; zumal bei Ihrer Markt- und Machtposition!

KISHON: Das gilt für Israel, wo wirklich ich entscheide. Ich kenne das deutsche Publikum nicht. Mein Verleger will, daß ich meinen Status nicht verliere.

FJR: Aber was wollen *Sie*? Mich interessiert nicht, was Ihr Verleger will.

KISHON: Ich will auch meinen Status behalten. Sehen Sie: Die Hälfte dieses gewissen Buches war, was Sie »Radiergummi fürs Gehirn« nennen, die andere Hälfte war Bitteres, Scharfes. Das hab' ich weggelassen.

FJR: Das ist doch unmöglich. Sie beklagen sich, man nähme Sie als Teil der Gegenwartsliteratur nicht ernst – aber können Sie sich vorstellen, daß Thomas Mann die »Buddenbrooks« schreibt, und Samuel Fischer sagt ihm, »Lassen Sie die Hälfte weg«, und das tut Thomas Mann?

KISHON: Das eine Beispiel ist wieder gut, nur: Mein Buch war kein Roman. Der Satiriker schreibt in kleinen, verschiebbaren Einheiten.

FJR: Sie weichen der Frage aus ins Literarisch-Kompositorische. Können Sie sich vorstellen, daß also Tucholsky – dessen Bücher auch Sammelbände kleiner satirischer Einheiten waren – sich von Ernst Rowohlt sagen läßt, »Hören Sie mal, das ist mir zu ernsthaft, nehmen Sie hier achtzig Seiten raus«?

KISHON: Absolut unmöglich. Aber vielleicht von Tucholskys israelischem Verleger? Ich bin ein israelischer Schriftsteller, diese Sachen habe ich für ein israelisches Publikum geschrieben. Für das deutsche Publikum ist mein deutscher Verleger der Fachmann. Ich bin hier nicht zu Hause.

FJR: Gerade weil Sie hier nicht zu Hause sind: Wäre es nicht gerade sehr wichtig, daß Sie sich in diesem Fall sehr stark machen? Unser Beispiel fortgeführt: Tucholskys französischer Verleger hätte ihm zur Zeit des beginnenden Faschismus gesagt, »Ja, aber die harten politischen Sachen bitte nicht«. Das hätte natürlich kein Heinrich Mann, kein Tucholsky, kein Karl Kraus akzeptiert. Als jemand, der Ihr Land hier interpretiert, satirisch interpretiert: Müssen Sie das nicht auch durchkämpfen?

KISHON: Ich muß Ihnen leider eine Antwort geben, die Sie ganz hilflos machen wird: Sie haben recht.

FJR: Hört man in einem Interview ungern.

KISHON: Ja, ich weiß. Eine tödliche Waffe, die ich gern benutze. Jedenfalls bin ich bereit, koste es, was es wolle, mich in Zukunft stark zu machen. Mein nächstes Buch, ein rasanter Angriff gegen die Institution Einkommenssteuer, wird so erscheinen, wie ich es will.

FJR: Kann das nicht wieder sehr ins Humorige ausrutschen? Wird man nicht sagen: Nun gut, ein reicher Mann hat natürlich Sorgen mit der Einkommenssteuer, und er erzählt uns jetzt, daß er ein bißchen betrügt, wie wir alle beim Zoll die Flasche Whisky schmuggeln. Sie lassen sich ja wieder nicht ein auf wirkliche gesellschaftliche, gar politische Diskrepanzen.

KISHON: Was wollen Sie – daß ich schreibe wie Tolstoi? Ich schreibe in meinem Stil, ich schreibe todernste Sachen so, daß sich das Publikum auch wieder amüsiert. Das ist meine Wunderwaffe. Wenn Sie mir quasi vorwerfen, nur kritische Mätzchen zu machen, ein Sacharin-Schriftsteller zu sein, so möchte ich an eines der größten satirischen Werke der Weltliteratur erinnern: Der brave Soldat Schwejk, dessen Autor Jaroslav Hasek Hungers gestorben ist. Das ist eine mörderische Kritik an der Monarchie – und unerhört witzig ist es dennoch.

FJR: Das ist ein tödliches Selbsttor, das Sie da schießen: Natürlich ist Hasek sowohl witzig wie komisch, man kann Tränen lachen; und gleichzeitig ist es ein zutiefst trauriges und entlarvendes Buch über ein Gesellschaftssystem. Das sind Ihre Bücher nicht. Sie entlarven gar kein Gesellschaftssystem.

KISHON: Warum ist es nicht eine legale Satire, wenn man den Scheidungsprozeß des Ehepaares Romeo und Julia schildert – ist eine legale Satire nur, wenn man über Kambodscha schreibt? Es scheint mir doch so, daß Ihre Denkweise beeinflußt ist von ideologischer, politischer Schulung. Ich bin ein – wie sagt man – furchtloser Ritter und Kämpfer mit einer außerordentlichen Wut und Schwung gegen Heuchelei. Na, was sagen Sie dazu? Menschliche Heuchelei, die finden wir bei jedem Begräbnis, bei jeder Geburt, bei jeder Hochzeit – und bei jedem Interview. Ich kämpfe gegen die menschliche Dummheit und Heuchelei. Nun frag' ich Sie: Warum ist Heuchelei und Dummheit nicht eine so wichtige Institution wie die Vereinten Nationen?

FJR: Für mich ist das ulkig-unverbindlich, harmlos . . .

KISHON: Und für mich viel gefährlicher. Bitte nehmen Sie, welches Buch Sie wollen – da ist eine Satire über die Gewerkschaften, da ist eine Satire über die Minister, da ist eine Satire über unsere meinungsschlaffe Gesellschaft. Das nennen Sie harmlos, nicht gefährlich. Ich muß Ihnen sagen, es ist viel weniger gefährlich, über die Vereinten Nationen zu schreiben als gegen die Ehe; ich bin mit den Vereinten Nationen nicht verheiratet.

FJR: Ich rede ja nicht von Ihrem persönlichen Risiko. Daß es vielleicht nicht angenehm für Ihre Frau ist, im *Penthouse* Ihre Äußerung zu lesen, die Ehe sei die schlimmste Institution und verführe zu Lüge und Betrug – das ist Ihr persönliches Risiko. Das ist so, als wenn sie falsch über'n Damm gehen oder zu viele Schweizer Franken in der Tasche haben an der Grenze. Davon rede ich nicht. Sondern ich rede davon, was ein Schriftsteller in anderen Köpfen anrichtet, von seinem Mut oder seinem Auftrag oder seinem Entwurf. Und dann antworten Sie immer, »das Publikum« oder »die Verleger« wollen etwas nicht.

KISHON: Ich bin Israeli: Noch einmal meine Wunderwaffe – Sie haben recht.

FJR: Würden Sie so weit gehen, die Formulierungen zu akzeptieren, Ihr riesiger Erfolg resultiere zu Teilen aus Mißverständnis?

KISHON: Nein. Ein riesiger Erfolg ist kein Unfall. Ich schreibe eine seltene Sache, Humoresken. Ich bin eine exotische Erscheinung, die die Leute mit Buchstaben zum Lachen bringen kann. Das ist der Schlüssel zu meinem Erfolg. Leute mit Buchstaben zum Lachen bringen, das ist für mich eine großartige Leistung. Jedesmal, wenn ich sehe, daß jemand im Zug oder an irgendeinem Urlaubsort ein Buch von mir liest, und er beginnt zu schmunzeln oder er lacht, dann fühle ich, ein Wunder ist geschehen. Mit kleinen Buchstaben! Aber ich muß ja immer Bedeutendes »aussagen«, mich fragt man ja immer nach der »Botschaft«. Fragt man das den Violinvirtuosen?

FJR: Sie machen interessanterweise zwei Fehler. Erstens setzen Sie sich an die Stelle des Geigers. Eigentlich sind Sie aber der Komponist.

KISHON: Hat jemand gefragt, was wollte der Tschaikowski mit seinem Ballett »Schwanensee« ändern? Nichts wollte er ändern.

FJR: Der zweite Fehler: Die Frage lautete ja nicht, was wollten Tschaikowski oder Beethoven oder Mozart mit irgendeinem Violinstück ändern, sondern die Frage ist: Sind Sie, Ephraim Kishon, der Geiger oder Komponist, nicht in Versuchung, immer nur den Bolero zu komponieren oder zu geigen?

KISHON: Das ist schon ein weiseres Argument. Da kann ich schon zuhören. Aber ich habe es auch schwer. Nun bin ich in der ganzen Welt wegen meiner Kurzgeschichten bekannt. Aber man übersieht, daß ich einer der wenigen Menschen bin in der Welt, die noch satirische Filme machen. Nehmen Sie »Der Blaumilchkanal«, ein Film gegen moderne Kunst.

FJR: Ist das vielleicht der Teil Ihres Werkes, der Ihnen den Vorwurf einträgt, reaktionär zu sein?

KISHON: Ja, wahrscheinlich, obwohl ich diesen Ausdruck zurückweise. Wer hat das Recht, da Zensuren zu verteilen? Pro Israel: reaktionär? Pro palästinensischer Staat: fortschrittlich? Für die Siedlungen: reaktionär? Gegen die Siedlungen: fortschrittlich?

FJR: Aber jenseits von Israel, von Ihrem Engagement für Israel – Ihre generelle politische Haltung: Sind Sie reaktionär?

KISHON: Nein, gar nicht. Allerdings möchte ich eines sagen: Wir sind nicht nach Israel gekommen, um die Probleme der Araber zu lösen. Wir sind gekommen, um die Probleme der Juden zu lösen. Wenn ich zugebe, daß mich Israel mehr als Kambodscha berührt, mache ich mich verhaßt bis zum Boykott durch die gesamte Weltpresse.

FJR: Was unsere Gesprächssituation ja nicht ganz präzise charakterisiert ...

KISHON: Stimmt. Aber denken Sie – hier sitzt der Mann, der nach allen Statistiken der letzten Jahre der meistgelesene Schriftsteller in Deutschland ist, und im *Spiegel* darf ich außer in der Bestseller-Liste nicht auftauchen; in fünfzehn Jahren mit keinem Wort. Ich bin von dem ganzen linken Establishment boykottiert, von dem ganzen literarischen Establishment, weil das in der ganzen Welt links ist.

FJR: Eine immerhin originelle Beschreibung etwa der FAZ. Rolf Hochhuth werden Sie gewiß nicht unterstellen, daß er ein Anti-Israeli, ein Anti-Zionist, ein Antisemit ist; aber er war doch entsetzt über Ihren Satz in einem Interview, das jüdische Volk sei eben doch das erwählte Volk, wenn man nur daran denke, daß es Figuren wie Moses, Christus, Marx und Einstein hervorgebracht hat. Ist das nicht ein umgekehrter Rassismus? Steckt darin nicht etwas Reaktionäres?

KISHON: Wenn unsere Basketball-Mannschaft die Europameisterschaft gewinnt und ich bin darauf stolz – ist das Rassismus?

FJR: Na, auserwählt und stolz sind schon zwei Dinge. Man sagt ja nicht, weil die New York Soccers gewonnen haben, die Amerikaner sind ein »auserwähltes« Volk.

KISHON: Wenn ein Jude sagt, ich bin ein stolzer Jude, und wenn ein Norweger sagt, ich bin ein stolzer Norweger, dann ist das nicht dasselbe. Jude zu sein, das ist etwas anderes. Es ist ein Volk, welches nicht nur in der Weltgeschichte verfolgt wurde, wie kein anderes Volk, sondern ein Volk, welches fast vernichtet wurde; ich bin ein Dschungeltier, ich habe im zerfetzten Europa gelebt, ich weiß, wovon ich rede. Moses, Christus, Marx, Freud und Einstein, diese fünf Leute haben die Weltgeschichte geändert. Das bringt ein Volk, eines der kleinsten und verfolgtesten Völker der Welt, hervor; warum sollte ich nicht stolz sein?

FJR: Sind Sie in Israel ein sehr geschätzter oder trotzdem auch ein sehr befehdeter Schriftsteller?

KISHON: Ich bin einer der vielleicht meistbefehdeten Schriftsteller. Ich bin auch dort vom größten Teil des Establishments verfolgt, verachtet, bekämpft.

FJR: Schreiben Sie in israelischen Zeitungen?

KISHON: Ich schreibe seit dreißig Jahren eine persönliche Kolumne in der größten israelischen Tageszeitung. Und ich habe sehr großen Einfluß auf die israelische öffentliche Meinung.

FJR: Da klingt Ihre Klage über die Verfolgung durchs Establishment natürlich sehr überzeugend . . .

KISHON: Ich habe das nur erwähnt, weil Sie in mir ja jemanden sehen, der belanglose kleine süße Geschichten über »Die beste Ehefrau von allen« und dergleichen schreibt. Aber ich bin der umstrittenste Schriftsteller in Israel wegen meiner gesellschaftlichen, politischen Meinung. Sie denken, der Kishon schreibt diese netten kleinen anspruchslosen Sachen. In Wahrheit schreibe ich Artikel, daß Israel auf dem Kopf steht, daß es eine Sintflut von Briefen und Artikeln und Angriffen und Gegenangriffen gibt.

FJR: Was liegt darunter? Generell sagt man ja, daß unter dem Humoristen eigentlich der Melancholiker liegt.

KISHON: Das ist ganz klar. Absolut sicher.

FJR: Wo sind Ihre Abgründe?

KISHON: Abgründe, was heißt das, Abgründe?

FJR: Ihre Melancholie. Wovor haben Sie Angst?

KISHON: Wovor ich Angst habe? Das ist eine gute Frage. Ich bin nicht melancholisch, weil ich Angst habe. Ich bin melancholisch, weil ich melancholisch bin, wie jeder Schriftsteller, wie total jeder Humorist. Ich wach' auf am Morgen, und ich bin voller Depression, ohne den kleinsten rationalen Grund dafür. Ich bin ein echter, unverfälschter Neurotiker, ein Neurotiker ohne Grund. Jeder Humorist kommt zu einer totalen Enttäuschung, früher oder später. Erst kommt er gut durch eine Periode, die sehr witzig und sehr lieb ist, dann ist er der Liebling von allen, von Links und Rechts, von Schwiegermutter und Ehefrau. Das ist die schönste Periode. Die geht vorbei. Am Ende steht die Erkenntnis, daß die Menschheit eine sehr schwache Institution ist.

FJR: In Ihnen ist also eine wachsende Enttäuschung? Auch, weil man älter wird, den Tod sieht?

KISHON: Der interessiert mich gar nicht.

FJR: Tod interessiert Sie nicht?

KISHON: Nein. Ich habe in meiner Jugend mit dem Tod gelebt, vier, fünf Jahre, Holocaust in Ungarn, Tschechoslowakei, geflohen, wieder gefangen – jeder hat eine Geschichte. Für mich ist der Tod, fast soll ich sagen, ein guter Bekannter, ich bin auf Leichen gegangen.

FJR: Jetzt kommen wir in ein ganz tiefes Wasser. Wenn für einen Menschen eine so entscheidende Kategorie wie Tod keine Kategorie ist – muß das nicht auch ein Kürzel für seine literarische Produktion sein? Können Sie sich Goethes Werk vorstellen ohne die Idee von Tod, die immer unter dem schönsten Liebesgedicht von ihm liegt, ohne den Gedanken an Vergänglichkeit? Daß man sich vorstellen muß – von all dem, was Sie aus Ihrem Leben gemacht haben, Liebe, Amüsement, Sex, Erfolg, Geld, Genuß, Champagner, alles, was vielleicht schön war, auch Eitelkeit, Selbstzufriedenheit – eines Tages ist es weg. Wenn man dieses Denken an Tod ignoriert oder, wie Sie eben sagten, »das spielt für mich keine Rolle«: Das erschreckt mich.

KISHON: Mein Ausdruck war nicht korrekt. Ich ignoriere es nicht, nur ist es für mich kein Feind. Also man sagt solche Sätze, alle sagen solche Sätze, bei mir ist es die Wahrheit. Das heißt für mich, der Gedanke ans Sterben ist nicht ein Alptraum, sondern eine außerordentlich beruhigende Sache.

FJR: Ich will eine hypothetische Frage stellen: Sie gehen morgen zum Arzt, aus irgendeinem Grund, ein Check-up.

Der Arzt sagt Ihnen, das ist innen alles voller Metastasen, Sie haben noch ein Jahr. Würden Sie so weiterleben, so weiterschreiben wie bisher?

KISHON: Nein. Ich würde sofort aufhören zu schreiben. Was ich machen würde, weiß ich nicht.

FJR: Ich finde die Antwort unerhört interessant. Sie sagen spontan, »Ich würde aufhören zu schreiben«. Das heißt doch, daß Ihr Schreiben nicht Ihr tiefinnerstes Element ist. Dann heißt das doch, daß Ihr Schreiben für Sie etwas Überbrückendes, gar etwas Tändelndes ist.

KISHON: Nein, eine von den mir möglichen Ausdrucksformen. Schauen Sie, ich bin ein außerordentlich erfolgreicher Filmregisseur.

FJR: Es ist ja die Pest mit Ihnen, gibt's etwas, wo Sie nicht erfolgreich sind?

KISHON: Ich habe fünf Filme gemacht in der verflucht kleinen hebräischen Sprache. Zweimal war ich für den Oscar nominiert für die fünf besten Filme des Jahres, dreimal habe ich gewonnen. Sie müssen verstehen, ich habe andere Ausdrucksformen für meine Fähigkeiten, nicht nur das Schreiben.

FJR: Sie haben kürzlich aus anderem Anlaß und bei einer nicht so pathetischen Fragestellung wie meiner jetzt nach dem Tod auch gesagt, am liebsten würden Sie aufhören zu schreiben.

KISHON: Das ist die Wahrheit. Jeder alte Schriftsteller wird einmal ein erbitterter, impotenter *pain in the neck*, er schreibt immer schlechter, niemand will ihn mehr drucken, er verschwindet von den Bestsellerliste, die Verleger wissen nicht, was sie ihm sagen sollen: Ich will diesen Weg nicht gehen.

FJR: Sondern?

KISHON: Wenn mir das Publikum sagt, »lieber Freund, du bist nicht mehr, was du mal warst . . .«

FJR: Jetzt fangen Sie wieder mit dem Publikum an!

KISHON: Aber wen soll ich fragen – immer nur machen, was der Raddatz mir vorschreibt? Ist es so unlogisch, wenn man sagt, einem glaubt man nicht, zweien glaubt man nicht, zehn Kritikern glaubt man nicht: Aber wenn zwanzig Millionen Leser mir sagen, »Ephraim, es ist schon gut, hör auf«, dann werde ich sagen, es tut mir sehr weh, danke, liebe Leute, und ich verschwinde. Nicht wie Frank Sinatra, der sein Leben lang nicht so viel gesungen hat wie seit seiner Erklärung, er werde aufhören zu singen. Außer Greta Garbo kenne ich niemanden, der sich daran gehalten hat.

FJR: Publikum, Frank Sinatra, Greta Garbo – gleich sagen Sie noch Marilyn Monroe; sonderbare Beispiele für einen Schriftsteller.

KISHON: Ich kenne keine anderen, ich kenne keinen Schriftsteller, der erklärt hat, er werde nicht mehr schreiben.

FJR: Denkbar ist ja immerhin, daß man so eine Entscheidungen von sich aus trifft, daß man sagt, mein Leben hat eine bestimmte Struktur, hat einen Entwurf, und dieses Leben beende ich, wann ich es will, wenn es sich verschattet.

KISHON: Erfolg ist auch ein Zeichen der Liebe.

FJR: Liebe ändert sich. Jeder Erfolgsautor ist morgen vergessen wie eine alternde Schauspielerin. Klammern Sie sich an den Erfolg nicht wie an eine Droge? Was überschattet das bei Ihnen eigentlich? In unserem Gespräch kehrt das immer wieder – die zwanzig Millionen Leser, die Signierstunden, die Leserbriefe, die Anrufe. Es gibt im übrigen auch andere erfolgreiche Autoren, Simenon, die Millionen Auflage haben, sogar solche, die vom Establishment eher ernst genommen werden, Grass leidet ja auch nicht Hungers oder unter dem Schicksal, keine Auflagen und Übersetzungen zu haben. Welche Krücke brauchen Sie da eigentlich? Diese Kategorie, in mein Metier übernommen, hieße, das Springersche Wort zu paraphrasieren, die Abstimmung findet am Kiosk statt, die beste Zeitung ist dann die, die am meisten gekauft wird. Wie wir alle wissen, ist das Gegenteil der Fall. Darf ich deshalb auf meine letzte Frage kommen – weg von diesen Frank-Sinatra-Kategorien: Können Sie sich vorstellen, wie – hätte ich je in meinem Leben die Chance gehabt, ein Gespräch mit Flaubert zu führen – der geantwortet hätte?

KISHON: Die Frage ist nicht fair, wir leben in einem ganz anderen Zeitalter. Im Zeitalter von Flaubert ...

FJR: ... gab es auch Erfolgsautoren. Sie sind der Eugène Sue unserer Zeit.

KISHON: Kein Schriftsteller der Welt schreibt gerne für die Schublade. Heute haben die veränderte Drucktechnik, die Telekommunikation, die Reisemöglichkeiten, der riesige Verteilerapparat, Reklame, Verkaufstechniken alles enorm verändert. Wir Autoren können mehr Menschen mehr und intensiver beeinflussen.

FJR: Dieses Wort halte ich für sehr gewagt, wenn nicht falsch. Beeinflussen Sie – Autoren, Volksautoren, Unterhaltungsschriftsteller – wirklich die Menschen? Oder ist es nicht vielmehr so, daß Sie immer auf derselben Bewußtseinsebene, die die Menschen ohnehin haben, mitargumentieren? Und daß das den großen Erfolg ausmacht – ein zu erwartendes Echo, da Sie nicht höher oder tiefer loten? Das Stichwort heißt: Erfolg oder Wirkung. Erfolg, wie Sie ihn haben, heißt ja nicht wirklich, um mal mit Ihren Zahlen weiter zu operieren, zwanzig Millionen Menschen zu beeinflussen; heißt es nicht viel mehr, Sie haben zwanzig Millionen Menschen bedient, in ihrer Erwartungshaltung bedient und bestätigt?

KISHON: Ja, Sie können der Liebling des Publikums sein und es bedienen und gar keinen Einfluß haben. Aber es kann jemand auch eine riesengroße Auflage und dennoch Einfluß haben. Sie kennen nur meine zuckersüßen Geschichten, Sie kennen nicht meine bitterscharfen Satiren, Sie kennen nicht meinen politischen Roman, ein mörderischer Angriff auf die Demokratie. Und dann kommen Sie und sagen, es ist meine Schuld, daß ich nicht nur das schreibe. Ich schreibe das und auch *das*. Ich bin kein Held, ich will mit meinem Gewissen in Ordnung sein, ich will in Frieden leben, auch mit mir selbst, ja, und ich liebe Geld und Ruhm – warum soll ich partout ganz unglücklich sein? Ich will alles von der Welt haben, das ist meine Schwäche. Ich bin ein egozentrischer Mensch. Ich will nicht ein Fiasko sein, das recht hat. Ich will ein Erfolg sein, und lieber habe ich dann nicht recht.

Die Quadratur des Kreisky

Gespräch mit Bruno Kreisky

FJR: Als Sie im Spätsommer 1938 in die Emigration gingen und – eine Szene, die an Brechts »jüdische Frau« erinnert – einen Wintermantel mitnahmen, haben Sie in die Tasche dieses Wintermantels ein einziges Buch gesteckt: Musils »Mann ohne Eigenschaften«. Sie gingen also schon früh mit Literatur um. Beim späteren Politiker Kreisky findet man immer wieder das Wort »radikal« im Zusammenhang mit Kultur. Was ist Ihr Begriff von Radikalität in der Kultur?

KREISKY: Zuerst einmal ein kleines Geständnis zu dieser Musil-Geschichte: Der eigentliche Grund, daß ich *dieses* Buch mitgenommen habe, war der Umstand, daß ich eine broschierte Ausgabe besaß; Sie können sie da oben noch stehen sehen. Die paßte in die Tasche meines Wintermantels. Es war das einzige Buch, das ich mitnehmen konnte.

Nun zum Radikalen: Im politischen Bereich erweist sich die Radikalität einer Maßnahme erst in ihrer Wirkung auf längere Sicht. Aber nur das Radikale kann tiefgreifende Änderungen in positiver Richtung herbeiführen. Im Kulturellen halte ich das für den Ausdruck einer Gesinnung, eine Voraussetzung jeglicher Produktivität. Sie ist eine Notwendigkeit, die förmlich behütet werden muß. Es darf keine Regulierung des Entsetzens geben, das Kunst hervorrufen kann, ja: muß. Wir hatten in Österreich bis vor zehn Jahren ein ungeheures Defizit an Liberalität – und wenn etwas uns gelungen ist im kulturellen Bereich, dann, daß es nun diese Liberalität im kulturellen Leben gibt, die es früher nicht gegeben hat. Früher hat man verübelt, früher hat man verdrängt, früher hat man unterdrückt, was nicht zur sogenannten herrschenden kulturellen Auffassung gehört hat; was halt so als »österreichisch kulturell« betrachtet wurde. Heute läßt man das alles sich entfalten. Ich betrachte die Verwirklichung dieser Liberalität auch als »Kulturradikalismus«. Ohne diese Liberalität kann sich der Kulturradikalismus nicht entfalten.

FJR: Immer noch ein antibürgerlicher Affekt von Bruno Kreisky? Ich lese Ihnen mal einen Satz von Ihnen selber vor: »*Das Bürgertum ist politisch immer feig und kann nur existieren, wenn ihm die Polizei die Basis einer sicheren Macht gibt. Der Bürger kapituliert vor allem und jedem, wenn es dazu kommt. Insofern habe ich mir meine große Abneigung gegen das Bürgertum bewahrt.*« Würden Sie diesen Satz heute so sagen und unterschreiben?

KREISKY: Genauso. Wobei ich hinzufügen will, daß das im noch höheren Maße für das geistige Kleinbürgertum gilt. Ich habe viel Respekt für große Bürger, aber ich habe keinen Respekt für das Großbürgertum. Das hängt einer ganz bestimmten Geisteshaltung an, die um jeden Preis das Bestehende erhalten will und instinktiv in der Kunst, in ihrer Radikalität eine Mahnung an die eigene Vergänglichkeit wittert.

FJR: Wie also definiert man Sie, wie definieren Sie sich: Sie nennen sich mal revolutionärer Sozialist, manchmal Sozialist, manchmal sogar Marxist.

KREISKY: All die drei Bezeichnungen sind in ihrer Art richtig und falsch. Ich war organisatorisch in der Zeit der Illegalität, von 1934 an, einer der revolutionären Sozialisten – es gab ja keine Demokratie, nur Diktatur. Dagegen kämpften wir. Und so habe ich mich vor meinen Richtern im Prozeß 1936 auch bezeichnet – im Sinne Lassalles. Ich bin natürlich heute kein Revolutionär.

FJR: Sondern was?

KREISKY: Ich lebe und arbeite für eine entwickelte Demokratie. Ich glaube, deren Gesetz ist der evolutionäre Prozeß und bin daher auch sehr glücklich darüber, daß man heute den Begriff der Reform sehr viel neuer, sehr viel besser deutet. Es gibt die bekannte Unterscheidung zwischen Reformen, die systembewahrend sind und solchen, die systemverändernd sind; wobei ich betonen möchte, daß der Unterschied zwischen systembewahrenden und systemverändernden Reformen oft sehr dialektisch zu sehen ist: die Quantität der Reformen kann die Qualität einer Gesellschaft verändern. Das ist gar keine Frage. Aber ich bin nach wie vor bedenkenlos und ohne Einschränkung dafür, daß, wenn es irgendwo eine Diktatur, eine totale Diktatur gibt, daß es dann das Recht des Volkes ist, sich in einer Revolution gegen diese Diktatur zu erheben. Und ich werde überall dort, wo das geschieht – soweit ich das kann –, diesen Bewegungen meine Unterstützung leihen. Ich sage ganz offen: Ich bin für jenen Teil der Welt, in dem ein brutales Regime herrscht, für das Prinzip: »Wenn der Gedrückte nirgends Recht kann finden«, hat er das moralische Recht, sich zu erheben und seine Rechte sich zu holen. Das ist für einen Sozialdemokraten, einen alten Politiker, vielleicht schockierend. Ich betrachte es als eine moralische Verpflichtung.

FJR: Für den heutigen Sprachgebrauch spricht hier ein Radikaler. Noch einmal zurück zur Kultur. Hier sitzt der Regierungschef eines Landes, das einerseits sehr viel Kultur produziert und das andererseits wohl nach der DDR der Staat ist, den seine Künstler am meisten verlassen. Oder die, wenn sie hier im Lande sind, offenbar nicht sehr geachtet sind.

Um einen Ihnen offenbar nahestehenden Autor zu zitieren: »*Das Fette, an dem ich würge: Österreich*«, sagt Handke. Dieser Tage ist in Wien eine Ausstellung eines der wichtigsten europäischen Bildhauer, Alfred Hrdlicka, angelaufen, die erste umfassende in Wien überhaupt – zu der kein einziger Beamter Ihrer Kulturbürokratie erschienen ist. Selbst die große *Anthropos*-Ausstellung ist nicht offiziell eröffnet worden. Ich will nicht gleich von kultureller Steppe sprechen – aber von A wie Artmann bis W wie Ossi Wiener gehen Autoren, Künstler hier weg. Was hat das mit Ihnen zu tun?

KREISKY: Das stimmt zum Teil, aber ich könnte Ihnen Gegenbeispiele aufführen. Es ist bekannt, daß zum Beispiel Ingeborg Bachmann kurz vor ihrem Tod nach Österreich zurückkehren wollte; daß zum Beispiel Handke nach Österreich *de facto* zurückgekehrt ist, nach Salzburg, glaub' ich. Ich weiß, daß viele Künstler, die über Österreich schreiben, äußerst kritisch sind. Aber so düster, wie etwa Lenau es einmal geschildert hat, ist es lange nicht mehr in Österreich.

FJR: Kann man nicht trotzdem sagen, daß es hier ein merkwürdiges Klima gibt, in dem einerseits mit das Wichtigste in der deutschsprachigen Literatur produziert wird, daß dieses Land andererseits seine Autoren abstößt, gar verstößt? Wenn Ihr Widersacher Thomas Bernhard hierzulande lebt – dann eher, weil ihm die Landschaft gefällt, aber doch offenbar nicht das Land in dem Sinne, wie Sie für das Land verantwortlich sind. Wie weit trägt ein Mann wie Bruno Kreisky, trotz seines radikalen Kulturkonzepts, das er verlangt und das nicht da ist, dafür Verantwortung?

KREISKY: Ich kann und will kulturelle Bestrebungen nicht von oben herab, sozusagen durch Dekrete, fördern. Man kann ein Klima der Liberalität schaffen, mehr nicht. Die Kritik, die Sie sich auch zu eigen machen, ist zu einem Teil ungerecht, aber zu einem Teil nicht unbegründet, weil es eben immer noch eine seit Jahrhunderten vorgeprägte kulturelle Landschaft in Österreich gibt, festgefahrene Traditionen. Es gibt aber auch materielle Grenzen. Der Residenz-Verlag hat eine großartige Pionierleistung vollbracht, aber uns fehlen natürlich jene großen Voraussetzungen, die halt deutsche Verleger haben. Das Ideal darf man gar nicht laut aussprechen, weil sonst ein Riesengeschrei anhöbe: Diesem Zustand könnte man ja nur abhelfen, wenn man einen großen, vom Staat geförderten literarischen Verlag schaffen würde. Ich höre aber aber schon das Geschrei: »Gott bewahre uns vor einem großen, vom Staat geförderten Verlag.« Aber nur ein solcher Verlag könnte etwa ohne Rücksicht auf Defizite produzieren.

FJR: Die österreichischen Autoren in deutschen Verlagen bringen auch nicht nur Defizite. Ich will auf etwas anderes hinaus: Die österreichischen Autoren wollen mit Österreich nichts zu tun haben.

KREISKY: Entschuldigen Sie vielmals, es gibt doch nirgends das Phänomen, daß sich radikale Künstler mit dem Land, in dem sie leben, identifizieren. Das gibt es weder in Amerika noch in Skandinavien. Die größten skandinavischen Dichter waren diejenigen, die die heftigsten sozialkritischen Bücher geschrieben haben. Wo gibt es den großen deutschen Schriftsteller, der sich mit der Bundesrepublik identifiziert?

FJR: Grass würde nicht die Bundesrepublik, Sartre hätte nicht Frankreich auf Jahrzehnte verlassen.

KREISKY: Aber ich kenne wenige österreichische Dichter, die auf Jahrzehnte Österreich verlassen haben.

FJR: Ein anderes Thema, eine Frage, die jemandem gestellt wird, der selber theoretisch gearbeitet hat: Wieso gibt es heute keine wahrnehmbare theoretische Debatte in Österreich? Kannten Sie eigentlich Ernst Fischer und haben Sie sich mit ihm auseinandergesetzt?

KREISKY: Ich kannte ihn sehr gut, noch aus meiner Jugendzeit. Ich habe später weniger mit ihm zu tun gehabt, weil er ja ein exponierter kommunistischer Parteipolitiker war, weniger Theoretiker. Ernst Fischer hat auch unter den Theoretikern in den dreißiger Jahren keine wirkliche Rolle gespielt. Er ist sicher ein hervorragender Schriftsteller gewesen und ein guter Redakteur der *Arbeiterzeitung*, aber eine theoretisch maßgebende Rolle hat er nie gespielt. Es ist sicher richtig, daß es jetzt in Österreich ein Theoriedefizit gibt. Da kann man wieder nur sagen, so etwas läßt sich nicht erfinden. Sie hatten in Deutschland mit der Rückkehr der *Frankfurter*

Schule und ihren Epigonen eine beeindruckende Renaissance; ein später Glanz. Zehn Jahre Liberalität sind im Bereich der Politik eine lange Zeit –, sind im Bereich der Kulturgeschichte nur ein Augenblick.

FJR: Ich will gar nicht so sehr diese Defizit-Debatte führen; ich möchte eigentlich mehr *ad personam* fragen: Was heißt für Sie als einem verantwortlichen Politiker Theorie? Was heißt für Sie Moralität? Ist das für Ihre Politik eine Kategorie, die sie versuchen zu verwirklichen, gar beispielhaft zu verwirklichen, und woher, wenn, ernährt sie sich?

KREISKY: Ich kann mir eine Politik ohne moralische Verantwortung überhaupt nicht vorstellen. Ich hab' da unlängst eine kleine Schrift von Scheler gelesen, die mir geradezu horribel vorkommt, weil er versucht, Politik *per definitionem* von ihrem moralischen Bezug zu lösen. Das halte ich nicht nur für vollkommen falsch, sondern für ungeheuer gefährlich. Sie muß, zu Ende gedacht, jeden Machiavellismus rechtfertigen. Das halte ich für eine furchtbar gefährliche Auffassung, die ich beim besten Willen nicht unterschreiben kann, das wäre der Punkt, wo die Nicht-Demokratie beginnt. Das ist ein Irrtum, wenn man heute Politik nur als etwas rein Pragmatisches begreift. Ein Beispiel wäre die Atomenergie. Es gibt die populäre Auffassung, man sollte alles den Fachleuten überlassen. Da gibt es die wunderbare, alles treffende, zutiefst österreichische Formulierung des Herzmanovsky-Orlando: »Ja ja, die Fachleute, auf was die alles kommen, wenn man's nur laßt.« Dieses Feld den Fachleuten freizugeben, führt in Wirklichkeit – das kann jemand sagen, der täglich mit Fachleuten zu tun hat – dazu, daß er allmählich zur totalen Ratlosigkeit verurteilt wird. Es gibt Fachleute, die die besten Argumente *für* ihre Anwendung vortragen, es gibt Fachleute, die *gegen* ihre Anwendung viele Argumente finden. Ohne eine Entscheidung aus eigener Moralität kommt da ein verantwortlicher Politiker nicht aus.

FJR: Danke für das Stichwort Atomenergie. Es führt zu meiner Frage: Wie wollen Sie als Politiker einer immer mißtrauischer, gar staatsverdrossener werdenden jungen Generation eigentlich begegnen, wenn Sie gleichzeitig durch pragmatische Zwänge unentwegt Entscheidungen treffen müssen oder treffen, die in dem Sinne des Moralischen nicht mehr abzudecken sind? Ich zitiere unser Gespräch beim Mittagessen. Sie sagten, wir stehen vor einer Phase wirtschaftlichen Aufschwungs, ausgehend von Amerika, von seiner gigantischen Rüstung, die viele Probleme – ob der Arbeitslosigkeit oder der Rezession – auffangen wird. Nicht nur ein *circulus vitiosus*, sondern ein Teufelskreis, und wie wollen Sie das eigentlich jungen Menschen, ich sage jetzt nicht verkaufen, denn Sie sind kein Verkäufer, sondern sie überzeugen, so daß sie sich wieder in die Mechanik eines demokratischen Staates einfädeln?

KREISKY: Nehmen wir einen Moment lang an, daß meine Prognose zutreffend ist: daß durch die Rüstung der Vereinigten Staaten sehr viel mehr Geld für konventionelle Waffen, wie Schiffe usw. ausgegeben wird, etwa, um am Golf präsent zu sein. Und daß das zur Modernisierung der amerikanischen Stahlindustrie führt. Und daß das eine gewisse Prosperität auch für die europäischen Stahlwerke zur Folge haben wird. Dann muß, um beim Beispiel zu bleiben, deshalb die Arbeitslosigkeit nicht sehr stark reduziert werden, weil heute die Industrie mit ihrer Modernisierung immer wieder sehr viele Menschen freisetzt. Es muß also nicht zu einer drastischen Senkung der Arbeitslosigkeit führen, sondern die Prosperität läßt die Einnahmen der Staaten steigen. Sie werden so eher in der Lage sein, die Kosten zu finanzieren.

Jetzt kommt aber die große Frage für den demokratischen Sozialisten, der sich durch Prosperität nicht korrumpieren läßt. Es ist ja nicht so, daß die kapitalistische Wirtschaftsordnung in ihrer jetzigen Phase sozusagen dann gut ist, wenn sie prosperiert, und dann schlecht ist, wenn sie eine Krise erzeugt; sondern, daß sie eben immer wieder Krisen erzeugt: Das hat sich jetzt wieder gezeigt. Und zwar ebenso, wie die extreme Planwirtschaft, die die kommunistische Ökonomie erdrosselt. Nehmen Sie das totale Debakel in Polen. Vielleicht wird ein neuer Marx kommen müssen, der nachweist, daß jede Art von Wirtschaft Krisen produziert. Ich halte jeden für einen Scharlatan, der da kommt und sagt, er wisse eine Lösung, gar eine einfache. – Um zurückzukommen zu Ihrem Ansatzpunkt: Eine Erziehungsaufgabe der modernen Sozialdemokratie muß jetzt sein, zu verhindern, daß die Menschen durch Prosperität korrumpiert und zu dem Glauben verleitet werden, sie lebten in den besten aller Welten. Wir leben nicht in der besten aller Welten, sondern in einer sich immer verschlechternden Welt. Das Epochale am Club of Rome war ja nicht diese Erkenntnis, die ist nichts Neues gewesen. Aber daß plötzlich neue politische Kategorien – stark moralisch determiniert – entstanden sind, das ist doch das Revolutionäre dieser letzten Jahrzehnte.

FJR: Dieses heißt, daß Sie alle, Sie Politiker des Nachkriegs-Europa, eine Welt produziert haben – bei aller moralischen Verankerung, wie Sie sie jetzt für sich in Anspruch nehmen –, die unsere Umwelt weitgehend kaputt gemacht hat. Was nützt uns Ihr Fortschritt, wenn in der Elbe nur noch tote Fische treiben?

KREISKY: Warum hat sie tote Fische?

FJR: Durch die Industrie.

KREISKY: Das ist dann der Fehler unserer Legislatur.

FJR: Aber die wird doch von Politikern gemacht.

KREISKY: Die müssen eben solche Gesetze machen, daß es keine toten Fische gibt.

FJR: Deswegen läuft Ihnen die Jugend weg, weil sie nicht noch mehr kleine Taschenrechner haben will, die kein

Mensch braucht, drei Fernseher, größere Eisschränke und schnellere Autos – und gleichzeitig die tote Elbe; das Beispiel können Sie ja erweitern: Man kann durchwählen nach New York und ist sich ferner denn je. Sie haben überflüssigen Reichtum und gleichzeitig eine gesellschaftliche Armut produziert, eine Verzweiflung im Menschen. Wie fühlt man sich da als Politiker?

KREISKY: Sie machen einen großen Denkfehler, wenn Sie sagen, die Politiker haben diese Situation produziert. Die Politik produziert keine Produktionsverhältnisse, soweit muß man Marx schon recht geben. Andererseits, da haben Sie recht, müssen wir uns klar darüber werden, welche Funktion die Politik haben kann, welche grenzüberschreitenden Aktivitäten es geben kann und geben muß. Das ist ja nicht mehr die Wirtschaft, die Karl Marx beschrieben hat. Die Produktionsverhältnisse, unter denen in der modernen Wirtschaft Waren erzeugt werden, haben sich nicht nur technologisch verändert. Nehmen wir die ganze Umweltschutzproblematik. Die Erkenntnis von der Zerbrechlichkeit der die Erde umgebenden Umwelt, z.B. der Ozonschicht, kann natürlich nicht nur als naturwissenschaftliches Phänomen akzeptiert werden, etwa wie der eines Tages zu erwartende Weltuntergang, gegen den man machtlos ist – sondern es ist halt ein Phänomen, von dem der Politik Aufgaben gestellt werden. In Stockholm kann wieder gebadet und die Fische können wieder gegessen werden. Daß die meisten österreichischen Seen jetzt, durch Inkaufnahme von gigantischen finanziellen Verpflichtungen, Trinkwasserqualität haben, ist auch eine Tatsache, die von der Politik her geschaffen wurde.

Und jetzt zu dem Problem der Jugend: Ich glaube nicht, daß man von vornherein die Gruppe der Aktiven, eine bestimmte Richtung der aktiven jungen Leute, als politisch relevant betrachten darf und alle die anderen Hunderttausende junger Menschen als eine gewaltige Ansammlung politischer Idioten beurteilen. So elitär kann man in einer Demokratie nicht denken. Man kann auf der anderen Seite auch nicht den Teil der Jugend, der demonstriert, protestiert, Häuser besetzt, ignorieren. Das darf auch nicht sein.

FJR: »Elitär« ist mir eine etwas belastete Vokabel. In Zürich demonstrierten nicht die Studenten.

KREISKY: Aber eine Gruppe, die für sich einen bestimmten politischen Anspruch erhebt und diesen generalisiert.

FJR: Nicht einmal. Sogar eher einen apolitischen, nämlich weg von der Politik. Wenn Sie wollen, ist das *auch* ein politischer Anspruch.

KREISKY: Es gibt die Vorstellung des Bürgers, daß da die Kommunisten schüren. Diese Vorstellung ist offenbar falsch und auch sehr gefährlich. Man muß sich auch gegen diese systematische amerikanische Propaganda wehren, die der Welt einreden will, daß hinter dem Terror zum Beispiel sowjetische Provokateure stecken. Ich will nicht bestreiten, daß es gewisse Ausbildungsstätten gibt in kommunistischen Staaten. Da dort einfach alles gefördert wird, wodurch die bürgerliche Gesellschaft erschüttert werden könnte; aber ich möchte daraus keine Ideologie machen. Hätte man die Rote Fabrik, oder wie das geheißen hat, gelassen und nicht gesagt, sie sei eine Höhle der Kriminalität und der Rauschgiftsüchtigen, und das muß saniert werden, dann hätte man sich wahrscheinlich viele dieser Krawalle erspart. Diese schreckliche Unlogik, die darin steckt, daß man glaubt, wenn man eine solche Stätte schließt, daß man dann etwas gegen die Rauschgiftsüchtigen und gegen die Kriminalität getan hat. Ich war gestern in Zürich. Ich habe noch nie in Zürich so viele schweizerische Mädchen und Jungen so salopp gekleidet gesehen. In Jeans usw. Diese ganze kleinbürgerliche Adrettheit hat die Zürcher Straßen verlassen, und man hat sich daran gewöhnt, daß es in Zürich nun so ausschaut wie eigentlich überall dort, wo junge Leute dem Straßenbild ihr Gepräge geben. Es ist falsch, zu glauben, daß junge Menschen nichts anderes sind als noch nicht Erwachsene.

FJR: Diese Revolte gleicht einem großen Mißtrauensantrag gegen Sie Politiker; sie ist ein Vertrauensentzug. Man glaubt Ihnen nicht mehr.

KREISKY: Jede Politik ist in einem ununterbrochenen Prozeß begriffen, der darin besteht, daß man Vertrauen verliert, es wieder gewinnen muß. Besteht auch nur im entferntesten die Gefahr, daß man im Begriff ist, das Vertrauen von Gruppen zu verlieren, auf die es einem ankommt, dann kann man nicht sagen: »Ja, dann habe ich das eben verloren, dann bin ich eben bei denen durchgefallen.« Das geht in der Politik nicht. Das wäre ein Kapitulation. Dann kann man doch nur nach den Ursachen fragen und danach, was geschehen muß, um das zu ändern. Und dann kann immer noch ein ungelöster Rest bleiben, der dann einfach nicht mit den Mitteln der Politik bewältigt werden kann.

FJR: Ist es nicht auch Aufgabe von Politikern, bestimmte Werte zu setzen?

KREISKY: Das ist die primäre Aufgabe der Politik.

FJR: Nun sind Werte ja Produkt eines Diskurses. Könnte es sein – übrigens auch für Ihr Land und Ihre Situation hier –, daß Sie vielleicht zu lange, genau wie in der Bundesrepublik, bestimmte Diskurse, Diskussionen einfach nicht geführt, sondern Probleme unter den Teppich gekehrt haben? Etwa, was man so schön Bewältigung der Vergangenheit nennt?

KREISKY: Da haben wir eine Menge geleistet, aber noch nicht genug. Bewältigung der Vergangenheit heißt vor allem, über sie reden. Viele Leute in Östereich, auch in unserer Presse, sind der Meinung, daß wer von diesen Dingen redet, wer zeigt, wodurch so viele unter uns schuldig geworden sind, der schaffe Unfrieden, entzweie das Volk; als ob diese geistige Friedhofsruhe, die es im historischen Bereich nach dem Wunsch so mancher geben sollte, ein Idealzustand wäre. Im Gegenteil, man muß diesen gräßlichen Zustand des »Nicht-hören-, Nicht-sehen- und Nicht-fühlen-Wollens«, das muß man einfach immer wieder in Frage stellen.

FJR: Hat man sich nicht gerade in Österreich sehr stark aus der eigenen Verantwortung weggeschlichen und weggemogelt? Die Nazis hat es ja offenbar nicht gegeben. Den Heldenplatzjubel hat es auch nicht gegeben. Adolf hat hier auch nie gestanden auf dem Balkon. Kultur ist eben nicht die schöne Plastik am Neubau, Schwanensee und Rosenkavalier; auch das ist Kultur: historisches Bewußtsein schaffen.

KREISKY: Sie haben recht, aber gerade hier ist in den letzten Jahren sehr viel mehr geschehen als in anderen Ländern. Hier ist sehr viel mehr in den Schulen geschehen. Wir haben sehr intensiv historische Arbeiten gefördert. Hier beginnt allmählich ein Prozeß zu reifen, der mit meiner Regierung eingesetzt hat. Es ist gar keine Frage, daß etwa die Volkspartei auf Grund ihrer politischen Vergangenheit und der Mitschuld ihrer Vorgänger in der ersten Diktatur auch ungern von der zweiten Diktatur reden wollte. Dazu kommt noch die Sucht aller Parteien, die noch Lebenden, die an diesen ganzen Ereignissen beteiligt waren, nicht zu vergrämen, nicht zu verstimmen. Nur komme ich jetzt wieder als der, der halt marxistisch vorbelastet ist und der rückhaltlos, uneingeschränkt den Satz gelten läßt, wonach das gesellschaftliche Sein das Bewußtsein bestimmt: daß man sich 1938 nicht wundern durfte, daß 600000 hungernde, wirklich verelendete Menschen, jede Änderung dieses Zustandes akzeptierten. Ich habe viel zu viele anständige Menschen in meinem Leben kennengelernt, auch in den Gefängnissen, die aus dem Zwang und der Not der Zeit heraus zu einem falschen politischen Schluß gekommen sind.

FJR: Sie haben mal als Ihren Lebensspruch das Nachgebenkönnen bezeichnet.

KREISKY: Ich habe ihn von Joachim Ringelnatz übernommen, der da sagt: »Auf's Nachgeben kommt's an im Leben.« Aber ich bin ja gar nicht so nachgiebig, im Gegenteil. Ich bin mir schon klar, was da passiert ist, und ich sage nur eines: Das darf es nicht wieder geben! Das ist meine politisch-moralische Verpflichtung.

FJR: Können Sie, wenn Sie so etwas sagen, nicht Begin ein bißchen verstehen, was er gegen Helmut Schmidt vorbringt? Oberleutnant mußte man ja werden *wollen*, dazu wurde man nicht verurteilt.

KREISKY: Wissen Sie, das ist etwas, was ich zum Beispiel dem kleinen polnischen Juden, dessen Familie ausgerottet wurde, verzeihe. Nur dem. Nathan der Weise war eine einzigartige literarische Erscheinung. Aber Begin ist kein Nathan.

FJR: Sie benutzen immer wieder die Worte »Marxismus«, »Marxist«; vor ganz kurzem haben Sie sogar als historisches Bewegungsgesetz das Gesetz des Klassenkampfes akzeptiert. Marxist Bruno Kreisky?

KREISKY: Für mich ist nach wie vor die Art, wie Marx und Engels sich die Welt erklärt haben, die Geschichte, einleuchtend. So wie man heute nicht Physik studieren kann nach einem Physikbuch vom Beginn des Jahrhunderts; so wie man nicht Chemie studieren kann nach Wilhelm Ostwalds »Schule der Chemie«, aber trotzdem bleibt Ostwald ein großer Lehrer der Chemie, bleibt Newton einer der ganz Großen, auch wenn es nach ihm Einstein gegeben hat: So gilt das natürlich auch für Marx. Mir hat diese Art des Denkens sehr geholfen. Nehmen Sie das Beispiel des Mittleren Ostens. Es kann keine sozialistische Moral geben, die vom Elend und der Vernichtung der Juden spricht und gleichzeitig mit einer Großzügigkeit, die mir unverständlich bleibt, das Elend der

Palästinenser abstrahiert. Es hat mich persönlich sehr verletzt, wenn man diese zutiefst sozialistische Grundhaltung als Ausdruck jüdischen Selbsthasses auslegt, das ist doch geistesschwach.

FJR: Darf ich einmal zurückspringen? Was Sie vorhin skizziert haben, das Ankurbeln der amerikanischen – damit möglicherweise auch westeuropäischen – Wirtschaft durch direkte Eingriffe des Staates via Rüstungsindustrie und Auftragserteilung: bestätigt das nicht die Theorie, die in der Neuen Linken »Stamokap« heißt?

KREISKY: Diese Theorie, daß der Staat in steigendem Maße wirtschaftliche Funktionen übernimmt, ist ja nichts Neues. Das ist gar keine Frage. Falsch daran ist allenfalls die These vom Monopolkapitalismus; aber daß der Staat in der gegenwärtigen Epoche der kapitalistischen Wirtschaft elementare wirtschaftliche Aufgaben schon dadurch allein übernimmt, daß er das Zinsniveau für Kapital indirekt bestimmt, ist doch klar. Manche Banken würden vielleicht heute lieber weniger Zinsen zahlen und weniger Zinsen verlangen. Aber Reagan sagt: *»Ich will das so haben!«* Er hat die Macht, das durchzusetzen. Es ist im Interesse des einzelnen Kapitalisten oder des Kapitalverwalters, billiges Geld zu haben. Aber in diesem Falle sagt der Staat: »Ich habe ein anderes, viel weitergehendes Interesse, und so zwinge ich euch also meine Finanzpolitik auf.« Von der Billigkeit oder vom teuren Geld hängt das Maß an Investitionen und der wirtschaftlichen Aktivität ab. Das heißt: Wir haben also einerseits im Kommunismus einen maximalen Staatseinfluß auf die Wirtschaft, und wir haben andererseits einen gewissen Einfluß in kapitalistischen Staaten auch. Aber das gibt natürlich unserer Politik ihren allerwichtigsten Sinn, denn jetzt ist Politik nicht mehr nur Wohlfahrts- und Sozialpolitik.

FJR: Aber das macht diese Politik eben auch so fragwürdig, jedenfalls für bestimmte Gruppen der Bevölkerung. Ich zähle mich zu diesen Gruppen. Fragwürdig; denn wenn es so weit ist, daß wir heute unsere Wirtschaft, damit unser gesellschaftliches Räderwerk, nur noch dadurch ankurbeln können, daß wir Flugzeugträger oder Raketen oder U-Boote oder Flugzeuge produzieren, die zum Schluß in Arizona verrotten, also einen gesellschaftlichen Unwert produzieren – dann verstehe ich nicht, warum ihr Politiker das Wort Pazifismus und Menschen, die sie Pazifisten nenne, kriminalisiert?

KREISKY: Das ist auch ganz falsch. Ich betrachte den Pazifismus als ein Erbe, das seinerzeit die Sozialdemokratie vor dem Ersten Weltkrieg von einigen Großen, die dem Frieden dienen wollten, übernommen hat. Sie nahm für sich in Anspruch, daß sie das politisch zu realisieren in der Lage ist. Damit ist die Sozialdemokratie vor dem Ersten Weltkrieg gescheitert, und damit ist die Sozialdemokratie vor dem Zweiten Weltkrieg auf andere Art gescheitert. Dieser politische Pazifismus, dem ich mich auch seinerzeit verbunden gefühlt habe, der ist tot, politisch tot gewesen, nachdem Hitler ganz Europa erobert hatte. Es hat sich in der Sozialdemokratie eine neue Art Politik durchgesetzt: die Forderung nach schrittweiser Abrüstung, nach Rüstungsstopp, nach ähnlichen Maßnahmen politisch so zu vertreten, daß wir diesem Gedanken eine gewisse Durchsetzbarkeit verschaffen wollen. Wenn es der Sowjetunion ernst ist, eine massive Aufrüstung zu verhindern, gibt es heute für sie die Möglichkeit, das zu dokumentieren; und damit der Sozialdemokratie in ihrem Bestreben zu helfen, für diesen Gedanken in Amerika einzutreten. Wenn es ihr nicht ernst damit ist, wird die Sozialdemokratie mit ihrer Politik scheitern. Nur wird das halt zur Folge haben, daß dann ein Rüstungswettlauf beginnt, den auch wir Sozialdemokraten nicht aufzuhalten in der Lage sind. Aber es müßte einem sozialdemokratischen Kanzler in Deutschland und einem sozialistischen Präsidenten in Frankreich möglich sein, eine solche Politik nach zwei Seiten hin überzeugend, jedenfalls eindrucksvoll zu vertreten. Gäbe es diese sinnlose Doppelspaltung der Labour-Party nicht, dann könnte man gesamthaft mit einer starken dritten Kraft rechnen. Man wagt gar nicht, auch nur zu träumen, was es bedeuten würde, wenn es in London, Paris und Bonn dieses Zusammenwirken gäbe. Was das nicht nur für Europa, sondern auch für Lateinamerika und für andere Teile der Welt bedeuten würde! In diesem Sinne zu wirken muß für jeden von uns die große Herausforderung dieser Zeit sein.

Der Kanzler ist kein Volkserzieher

Gespräch mit Siegfried Lenz,
Günter Grass und Helmut Schmidt

FJR: Herr Bundeskanzler, ich möchte die Frage zu unserem Gespräch über Ihren – und damit der Sozialdemokratie – Kulturbegriff gleich mit einem mißtrauischen Satz beginnen: Ist es nicht so, daß, obwohl die Sozialdemokratie sozusagen aus der Arbeiterbildungsbewegung hervorgegangen ist, heute ganz generell ein sehr konservativer, manchmal gar reaktionärer Kulturbegriff auch bei Ihnen vorherrscht; kann man gar sagen, daß ein Mißtrauen gegen Intellektuelle und Künstler überwiegt, daß man Kunst – welchen Genres immer – begreift als Applikation, als das Nette und Schöne, gar für den Feierabend zu Reservierende, nicht als den Störfaktor, nicht als das Aufreizende, auch den einzelnen Verstörende?

SCHMIDT: Das war ja nun eine ganze Menge auf einmal, ich bin nicht sicher, ob ich alle diese vielen Urteile und Vorurteile in einem Atemzuge beantworten kann. Am Anfang fiel mir auf, daß Sie meinten, die deutsche Sozialdemokratie sei aus der Arbeiterbildungsbewegung hervorgegangen. Ich glaube, das ist nur begrenzt richtig. Sie spielen damit auf die Mitte des 19. Jahrhunderts an, und insoweit haben Sie recht. Aber gegen Ende des 19. Jahrhunderts, im Anfang des 20. Jahrhunderts war eigentlich eher die Sozialdemokratie die bewegende Kraft für die Arbeiterbildungsbewegung. Aber darauf kam es Ihnen ja bei Ihrer Frage gar nicht an, sondern auf ein vermutetes Vorurteil gegenüber den Intellektuellen, auf eine vermutete Degradierung der Funktion kultureller Betätigung; beides den Sozialdemokraten und mir unterstellt.

Zum ersten Punkt will ich klipp und klar sagen: Ich halte mich selbst für einen Intellektuellen, ohne daß ich darin schon eine zureichende Charakterisierung meiner Person sehen kann. Das müßte nicht ausschließen, daß man Soupçon und Verdacht und Vorurteil gegen Intellektuelle hegt. Ich hege aber kein Vorurteil gegenüber Intellektuellen, und ich glaube auch nicht, daß die deutsche Sozialdemokratie insgesamt oder eine zu Buch schlagende Mehrheit, oder auch nur zu Buch schlagende Minderheit der deutschen Sozialdemokraten dies tut. Aber je größer das Selbstbewußtsein der Arbeiterbewegung, je stärker das politische Selbstvertrauen der deutschen Sozialdemokratie wurde, um so sorgfältiger haben die Sozialdemokraten der vergangenen Generationen – und das gilt Gott sei Dank auch für die heutige sozialdemokratische Generation – darauf geachtet, aus der Studierstube kommende Auffassungen nicht ihren Interessen überstülpen zu lassen – was sie zu denken hätten, was sie als ihre Interessen zu erkennen hätten. Und ich sagte, Gott sei Dank ist das heute auch noch so. Ich hätte einen Horror davor, wenn etwa studierte Intellektuelle den entscheidenden Einfluß sich aneigneten in der Industriegewerkschaft Metall, der Gewerkschaft Bau, Steine, Erden, der Industriegewerkschaft Chemie. Ich hätte auch einen Horror davor, wenn die in jüngster Zeit sehr deutlich sich ausprägende Tendenz zu immer weiter verbreiteter Hochschulbildung in unserer Gesellschaft dazu führte, daß in sozialdemokratischen Ortsvereinsversammlungen nur noch die Studierten das Wort führen und der Arbeiter nicht mehr zu Worte käme. Davor hätte ich eine Angst. Nein, nicht: ich hätte Angst, sondern ich habe davor Besorgnis, ich muß das indikativisch ausdrücken.

FJR: Sagen Sie bitte, warum?

SCHMIDT: Weil es bei aller Anerkennung der Notwendigkeit intellektueller Bildung letztlich meinen Instinkten als Demokrat zutiefst zuwiderliefe. Im Grunde müssen Arbeiter selber wissen, was ihnen frommt, müssen es selbst entscheiden. Sie können überzeugt werden, sie können gebildet werden, sie können beeinflußt werden; sie *müssen* beeinflußt werden, sie *müssen* gebildet werden, sie *müssen* überzeugt werden, aber schließlich und endlich sollen *sie* die Entscheidung treffen, da es sich um *ihr* Schicksal handelt, und die Entscheidung soll nicht getroffen werden von jemandem, der – ohne das Leben der Arbeiter zu kennen – von der Universität den Doktor der Philosophie oder den Doktor der Ökonomie mitgebracht hat. Wenn jemand das unbedingt mißverstehen will als Vorurteil gegenüber Intellektuellen, kann ich ihn daran nicht hindern.

Ich will auf den zweiten Punkt Ihrer Fragestellung zu sprechen kommen. Der Verdacht, daß das, was heute aus der Arbeiterbewegung geworden ist, also daß die heutigen Gewerkschaften, daß die heutige Sozialdemokratie der kulturellen Produktion, der zeitgenössischen kulturellen Produktion, sei es auf dem Feld der Literatur oder der Musik, des Theaters, der bildenden Künste, mit Distanz gegenüberstehe, gar mit Unverständnis, und in Wirklichkeit sich lieber einrichte mit den herkömmlichen, bereits bekannten, bereits akzeptierten Hervorbringungen vorangegangener Generationen: Daran mag etwas Richtiges sein. Das kann man nicht einfach vom Tisch wischen. Das ist übrigens keine Besonderheit der Arbeiterbewegung oder der Sozialdemokratie.

LENZ: Das Bildungsbürgertum hat die gleiche Reserve gegenüber dem Schriftsteller, dem Intellektuellen.

SCHMIDT: Genau das wollte ich sagen.

FJR: Das Kleinbürgertum auch.

SCHMIDT: Das ist also keine Besonderheit der Sozialdemokratie, der Arbeiterschaft oder der kleinen Angestellten. Es gibt ja nun auch ein umgekehrtes Vorurteil der kulturellen »Produzenten«, die meinen, alles was neu sei, sei deswegen auch schon wertvoll; wenn ich das mal so vereinfachen darf. Aber vielleicht ist einiges auch bloß Scharlatanerie? Nicht alles, was uns heute angeboten wird, muß nach 30 oder 60

Jahren unbedingt Rang und Bestand haben. Wir haben es aus der eigenen Rückschau schwer, nachträglich zu erkennen, was eigentlich alles, sagen wir: heute vor 60 oder vor 90 Jahren, in der damaligen Zeit angeboten worden ist und was davon inzwischen untergegangen ist, was keine Rolle mehr spielt. Auch von den Experimenten vergangener Generationen war manches verunglückt, anderes nicht von Bestand. Deswegen fühle ich mich nicht als Banause, wenn ich manches Experimentelle heute für verunglückt halte, mich davon nicht angesprochen fühle, es aber nicht behindere. Wenn es Leute gibt, die das mögen, so ist das in Ordnung, das soll man dann auch nicht kritisieren. Es wird sich im Laufe der Zeit zeigen, wieviel Wert drinsteckt.

GRASS: Ich möchte noch einmal zum Anfang zurück. Wir wollen ein Gespräch über Kultur im breitesten Sinn führen, und Raddatz hat mit dem Wort Intellektueller eine Einengung in das Thema hineingebracht, die ich eigentlich so nicht hinnehmen kann. Leute, die in den verschiedensten Sparten der Kunst produktiv sind, müssen nicht Intellektuelle sein, *können* es allenfalls sein. Vieles, was in diesen Bereichen entsteht, bezieht seine Kraft gerade auch aus einer Spannung, die nicht in erster Linie intellektuell ist. Das Überwiegen von Akademikern in Ortsvereinen ist eigentlich nicht das Thema, das uns bewegt. Das ist ein sehr wichtiges Thema, aber nicht das, was wir heute besprechen. Ich habe das Gefühl, daß die deutsche Sozialdemokratie – insbesondere die deutsche, aber vielleicht auch die skandinavische – eine stark protestantische Prägung hat, und in ihrem Verständnis Kunst, den Künsten gegenüber, etwas Puritanisches mitschwingt. Daß Kunst also schon akzeptiert wird, aber doch in erster Linie auch auf einen gewissen Nützlichkeitseffekt abgeklopft wird: Was bringt es? Welche Erfahrung vermittelt es? Wieweit belehrt es uns? Das führt zu vielen Mißverständnissen; denn in der Kunst liegt außer all diesen Dingen, die sie leistet, noch etwas anderes. Literatur kann unterhaltend sein, muß sogar unterhaltend sein, ja besonders dann, wenn sie stört, wenn sie stören, verstören will. Sie kann das nur, wenn sie auf manchmal unerklärliche Art und Weise dabei noch unterhaltend, »schön« ist. Gleiches gilt von der Malerei. Das sind ästhetische Gesetzmäßigkeiten, die sich oft mit der Elle der praktischen Vernunft nicht messen lassen. Hier sind die Gegensätze.

SCHMIDT: Ich darf ausdrücklich unterstreichen, was Günter Grass sagte. Kultur einzuengen auf das, was Intellektuelle hervorbringen, wäre unredlich. In vergangenen Jahrhunderten sind die großen Künstler normalerweise aus einem handwerklich erlernten Beruf hervorgegangen. Das gilt für die ganze große italienische Malerei über mehrere Jahrhunderte; das gilt für Veit Stoß, Tilman Riemenschneider, das gilt für die großen Kathedralenerbauer in Nordfrankreich und in Deutschland, das gilt für die ganze Backsteingotik entlang der Ostsee, um nur ein paar wenige Beispiele herauszugreifen. Also Kultur gab es und gibt es, ohne daß notwendigerweise Intellektuelle dabei den wesentlichen Anteil haben müssen. In vielen Fällen ist dann der große, der begabte, der begnadete Künstler im Lauf seines Lebens ein Intellektueller geworden, das ist schon wahr.

Nun zu der zweiten Bemerkung von Günter Grass mit dem Puritanismus. Da mag etwas dran sein. Mein eigenes Erlebnis ist ganz anders. Ich habe als Junge in dieser Millionenstadt Hamburg aufwachsend eine Begegnung mit der bildenden Kunst erfahren in der Schule und im Umfeld von Kindheit und Schule, die der Begegnung der damaligen Arbeiterschaft mit der bildenden Kunst sehr ähnlich war. Und wenn ein Hafenarbeiter oder ein Fabrikarbeiter oder ein Handwerker in Hamburg in den zwanziger Jahren sich etwa für Graphik interessierte, dann hat ihm Frans Masereel, dann hat ihm Käthe Kollwitz eingeleuchtet, weil sie etwas beschrieben, was sein Leben war. Daß es außerdem noch große Kunst war, hat er vielleicht zunächst nur geahnt. Aber es war kongenial, es war sein Leben. Und so waren solche Leute wie Kollwitz und Masereel – mit Abstand sicherlich auch Barlach – hervorragend geeignet, Menschen, die ohne schulische Anleitung, ohne pädagogische Anleitung der Kunst begegneten, auf die Kunst hinzuführen. Die beiden, die ich eben nannte, passen nicht in Günter Grass' Kategorie des Puritanischen, Didaktisch-Zweckmäßigen.

GRASS: Ja und nein. Wenn Sie sagen, daß die Arbeiter sich, ihr Leben darin erkannten, ist das eine richtige, eine gute Reaktion, die es dem einzelnen Betrachter ermöglicht, sich mit einem Werk zu identifizieren. Aber nehmen wir eine andere Dimension, einen anderen Zeitgenossen, einen Beckmann zum Beispiel, in seiner sensiblen Brutalität, mit Bildern, die bis heute schockieren, die bis heute in keinen Bankpalast hineinpassen wollen. Von dieser unmittelbar schockierenden Wirkung, die von einem Beckmann-Bild ausgeht, läßt sich aber diese didaktische Wirkung, die von Masereel und Kollwitz abzuleiten sein mag, nicht herstellen.

LENZ: Ich wollte ein bißchen weg von der allgemeinen Kunsterörterung, auch wenn sie so bekenntnishaft ist wie im Fall von Günter Grass, und persönlicher werden. Helmut Schmidt, der Politiker, hat selbstverständlich seine Außenansicht, er gilt als ein Mann des kritischen Rationalismus, als ein Pragmatiker allerkühlsten Wassers. Gleichzeitig kennen wir den Privatmann Helmut Schmidt, der, wie wir wissen, ein leidenschaftlicher Leser ist, ausübender Musiker . . .

SCHMIDT: Sehr dilettantisch – aber ausübend, ja.

LENZ: Gut. Aber es *gibt* eben den Privatmann Helmut Schmidt, der nebenbei auch ein Kunstsachverständiger ist. Ich möchte fragen, wenn es schon diese zwei deutschen Seelen gibt, dieses offenbar deutsche Dilemma, ob es da zu gewissen Spannungen kommt. Daß der Rationalist dem Kunstliebhaber widerspricht, oder der eine den anderen korrigiert. Gibt es das, kommt das vor?

SCHMIDT: Ich halte das weder für ein Dilemma noch für eine Polarisation in mir selbst. Ich habe ein Dilemma nie empfunden. Ich bin ganz überrascht von dem, was Sie in mich hineingeheimnissen.

LENZ: Ich habe gesagt, Sie können sich nicht wehren gegen Ihre Außenansicht.

SCHMIDT: Ja, ja, ich kann nichts dagegen tun, daß ich für einen kritischen Rationalisten oder einen Anhänger von Karl Popper gehalten werde.

LENZ: Sie haben einiges dazu getan, um dafür genommen zu werden.

SCHMIDT: Ja, genausogut kann mich dann jemand anders für einen Anhänger von Immanuel Kant erklären oder könnte mich, wenn er so wollte, für einen Anhänger Bachscher und Händelscher Polyphonie oder vorhändelscher und vorbachscher Polyphonie erklären. Je nachdem, was zufällig jemand irgendwo aufgeschnappt hat, danach macht er sich ein Bild oder ein Klischee zurecht von einem anderen Menschen. Das, was Sie sagen, habe ich nie anders denn als selbstverständliche und mir völlig unproblematische Einheit empfunden.

FJR: Wenn das Klischee nun mal »der Macher« heißt: Das kommt ja nicht von ungefähr; und manche – wie wohl Lenz – denken: Stellt er sein Licht unter den Scheffel? Dann muß man fragen: Ist denn da überhaupt ein Licht unter dem Scheffel, oder ist nur Scheffel? Ist es nicht doch so, daß Äußerungen und Nichtäußerungen von Ihnen zu Kulturproblemen diesem Klischee Vorschub leisten? Wenn ich an die große Berliner Parteitagsrede denke, wo der Begriff Theorie – eigentlich ein in der Sozialdemokratie einmal wichtiger Begriff – gar nicht vorkommt, wo der Begriff Kultur zweimal am Rande vorkommt: Da wird man sich schon fragen dürfen, wie geht eigentlich jemand wie Helmut Schmidt mit solchen Phänomenen um? Ist es nicht doch immer wieder so – wenn ich ein Beispiel *pars pro toto* geben darf –, daß einem großen Schauspieler und Theatermacher wie Boy Gobert applaudiert wird, daß den Leuten aber, die in den letzten, sagen wir: anderthalb Jahrzehnten eine neue große Form von Theater zu entwickeln versucht haben, ein Helmut Schmidt, und dann ja wohl nicht nur ein Helmut Schmidt allein, so fremd und verständnislos gegenübersteht, daß er sagt, ich will das nicht verhindern – wie Sie vorhin gesagt haben, Gott sei Dank, wir leben ja hier nicht in der DDR; daß er aber allein durch schiere physische Anwesenheit, durch Applaus und »einen Kranz ins Haar« schon Präferenzen ausdrückt. Sie haben vorhin, bevor das Tonband lief, etwas von den Musen gesagt und wann die Musen vielleicht richtig oder nicht richtig zur Geltung kommen, und da gibt es ja von Franz Mehring dieses merkwürdige Wort: »Unter den Waffen schweigen die Musen.« Noch und wieder ein Außenbegriff von Kultur. Ist es nicht vielmehr richtig zu sagen: Während des Waffenklirrens – das man ja jetzt übersetzen kann – haben die Musen ihre integrierte Funktion, sollen mit eingedacht und eingeträumt werden?

SCHMIDT: Ja, eingedacht jedenfalls. Und ich glaube, den Ausdruck Waffenklirren sollten Sie ersetzen, das meinen Sie ja nicht wirklich, wir leben ja nicht im Kriege, sondern Sie haben diese Metapher benutzt, um damit von der Politik zu reden. Nur muß ich Ihnen sagen, nach meiner feststehenden Überzeugung: Ein Regierungschef hat in Deutschland nicht die Aufgabe des Volkserziehers, des Kunsterziehers schon gar nicht. Das hat das Grundgesetz nicht so gewollt, und er sollte es auch nicht wollen. Und mir tun jene deutschen Gebildeten leid, die sich selber einreden, der jeweilige Regierungschef habe von Amts wegen auf kulturellem Gebiet Erziehungsfunktion. Hat er nicht. Er hat auch nicht die Funktion des Vorphilosophierers für die deutsche Gegenwartsgesellschaft. Das sind alles Übertreibungen von dem, was Regierung zu sein hat. Regierung ist etwas sehr viel Bescheideneres, jedenfalls in meinen Augen. Und so sehr wie Sie sich dagegen wehren würden, sich Regierung als Kulturpapst vorstellen zu sollen, so sehr müssen Sie sich auch hüten vor der Vorstellung, daß Regierung gefälligst ihren langen Arm brauchen solle, um das zu fördern, was Sie gerade im Augenblick in der künstlerischen Hervorbringung präferieren. Das ist nicht Aufgabe der deutschen Bundesregierung, der – nach dem Grundgesetz – jede kulturpolitische Betätigung sowieso ausdrücklich so weit entzogen ist, daß sie schon nicht mal in der Lage ist, die Nationalstiftung gegen die zehn Bundesländer durchzusetzen, um ein aktuelles Beispiel zu geben. Wenn die Zufälle und das Glück meines Lebens es anders gewollt hätten und ich wäre Architekt geworden – was ich eigentlich wollte, oder Städtebauer, Städteplaner –, dann würden Sie von mir wahrscheinlich wenig politische Äußerungen im Laufe meines Lebens gefunden haben, aber sehr viele programmatische Äußerungen auf dem Felde der schönen Künste, auf dem Felde der Architektur und was weiß ich. Das Glück, der Zufall oder das Lebensschicksal haben es anders gewollt. Vielleicht werde ich alt genug, um meinen Neigungen und unvollendeten Hoffnungen und Wünschen auf einem anderen Feld noch einmal nachgehen zu können, das kann durchaus sein. Aber ein Regierungschef soll sich nicht in die Philosophie einmischen, das soll er den kommunistischen Regierungen überlassen, sich in die Philosophie einzumischen.

FJR: Er kann Zeichen setzen.

SCHMIDT: Nein, es ist auch nicht seine Aufgabe, philosophische Zeichen zu setzen. Er soll sich selber nicht verstellen, er soll nicht dem Volk vortäuschen, daß er ein großer

Sachverständiger sei auf allerlei Gebieten, wenn er es nicht ist. Und umgekehrt, er braucht sich nicht für einen Banausen verkaufen zu lassen, wenn er kein Banause ist. Aber ob er Zeichen setzen soll, dies ist eine – ich sage es noch einmal – naive Übertreibung dessen, was Regierung zu sein hat. Wenn etwa kulturelle Entwicklung abhängt davon, was Regierende persönlich tun oder lassen, dann tut es mir bitter leid um die Kontinuität kultureller Entwicklung. Ich bin viel zu liberal, von Hause aus, als Hamburger, als Sozialdemokrat, um mir vorzustellen, daß Regierung die Entwicklungsrichtungen der Kunst zu beeinflussen habe.

LENZ: Wir haben nun erfahren, was alles ein Regierungschef nicht als seine Aufgabe ansehen soll. Aber gibt es nicht bestimmte Nötigungen, etwas anzuerkennen? Beispielsweise die Literatur in einem Augenblick anzuerkennen und mehr als anzuerkennen, sie gar zu fördern, wo bemerkbar wird, welche politischen Aufgaben sie erfüllt, vielleicht im Vorfeld der Politik, allenfalls im Vorfeld der Politik. Daß sie womöglich bei der klimatischen oder stimmungsmäßigen Vorbereitung einer initiierten Politik sehr viel mithelfen kann. Konkret: Ich denke daran, weil das meiner Erfahrung entspricht und in meinen Erfahrungsraum hineinreicht, in welcher Weise die Literatur einiger älterer Kollegen, sagen wir Böll und Nossack, um jetzt einige Namen zu nennen, und Schnurre, Koeppen, in Polen zur Kenntnis genommen wurde. Grass hat es auch erlebt, in welcher Weise gerade die Literatur dieser Kollegen der Politik, die Sie und insbesondere auch Ihr Amtsvorgänger Willy Brandt beförderten und exekutierten, schließlich zugute gekommen ist.

SCHMIDT: Ja, das ist richtig.

LENZ: Ich meine, besteht da nicht die Aufgabe, eine Literatur mehr als zur Kenntnis zu nehmen, sondern sie ausdrücklich zu fördern, da wo sie hineinspielt in den politischen Raum?

SCHMIDT: Es tut mir leid, Sie haben alle das deutsche Grundgesetz nicht hinreichend vor Augen, und Sie stellen sich die Regierung als eine allmächtige Instanz vor. Das ist sie nicht, sondern sie ist in ihrer Zuständigkeit sehr beschränkt, sie ist viel stärker beschränkt als die Reichsregierung zur Weimarer Zeit. Gut, ich will zugeben: Man kann manchmal so etwas wie ein Zeichen setzen. Als es notwendig wurde, den ästhetisch unerträglichen Vorplatz des neuen Bundeskanzleramtes erträglicher zu machen, sah ich eine Chance, ein kleines Zeichen zu setzen. Für Deutschland war es schon ein mittelgroßes Zeichen, denn daß der Bundeskanzler sich einen *ausländischen* – einige deutsche Bildhauer haben sich darüber aufgeregt – Bildhauer, mit einer abstrakten Arbeit noch dazu, auswählte und ihn bat, zu überlegen, ob man diesem Platz nicht mit seiner Hilfe ein menschlicheres Gesicht geben könne. Dieses Zeichen hat funktioniert, es ist akzeptiert worden, mit Grollen zunächst und Grummeln, aber schließlich haben sie es akzeptiert. Und wenn wir also nächstes Jahr den Bundestag bitten, das Geld zu bewilligen, damit diese Mooresche Großplastik dann auch gekauft werden kann – einstweilen hat er sie mir geliehen, von Person zu Person, was ich fabelhaft finde –, dann wird sich zeigen, daß inzwischen auch die sehr aufs Geld sehenden Abgeordneten des Deutschen Bundestages das Zeichen verstanden haben und akzeptieren. Manchmal hat man ein solches Glück und kann ein solches Zeichen setzen. Man kann zum Beispiel im eigenen Haus, im Bundeskanzleramt, Kunstausstellungen machen. Gegenwärtig läuft da eine Ausstellung Max Ernst – das, wenn Sie so wollen, ist ein kleines Zeichen.

FJR: Darf ich doch eine Sekunde unterbrechen. Das ist gewiß eine wunderschöne, über ein Bürogebäude weit hinausreichende Ausstellung – aber auf Max Ernst kann man sich sehr leicht einigen, heute. Das ist bewährte Überlieferung.

SCHMIDT: So leicht kann man sich auf Max Ernst gar nicht einigen, und man hat sich auf ihn nicht geeinigt, weil er ästhetisch relativ leicht zu schlucken gewesen wäre, sondern man ist auf ihn gekommen, weil Max Ernst zur einen Hälfte ein Deutscher war und zur anderen Hälfte ein Franzose geworden ist. Dies geschah aus dem Willen, die deutsch-französische kulturelle Symbiose an seinem Beispiel deutlich zu machen, das war der eigentliche Grund.

FJR: Ich fände, nur um irgendein mögliches Beispiel zu nennen, daß es natürlich im Sinne dieses Wortes »verstörend« oder »aufstörend« sehr viel ungewöhnlicher wäre, wenn da etwa eine John-Heartfield-Ausstellung hinge.

GRASS: Also, ich muß da widersprechen. Ich bin ganz und gar dagegen, daß Bundeskanzler uns Zeichen setzen. Ich stimme hier mit Helmut Schmidt überein. Nur, wo ich nicht übereinstimme, das ist die Einengung seiner Möglichkeiten auf den Bereich, den er genannt hat: Vorplatz des Bundeskanzleramtes, eine Ausstellung drinnen. Das ist gut und schön, wenn man das macht. Aber wir leben schließlich in einem geteilten Land, wir sind ideologisch geteilt, wir stehen in zwei Blöcken militärisch gegeneinander, wir haben als zwei Staaten eine unheilvolle gemeinsame Vergangenheit bis heute zu tragen, und wir laufen Gefahr, auch zu einer geteilten Kultur zu kommen. Kultur jetzt auch als politischer Begriff. Mit dieser Kultur wird gearbeitet, auch in Kompetenz der Regierung. Die Goethe-Institute, die Kulturarbeit mit Hilfe deutscher Schriftsteller, Bildhauer, Maler, Musiker im Ausland betreiben, machen ja auch Kulturpolitik, mit einem allerdings diffusen Kulturbegriff. Wenn man sich mit Leitern von Goethe-Instituten unterhält, haben sie Schwierigkeiten zu definieren, was das ist: deutsche Kultur. Ist das mittlerweile so, daß man von zwei Kulturen sprechen muß? Hier setzt eine andere Überlegung an, Sie haben das Stichwort vorhin gegeben. Willy Brandt hat das im Jahr 1973 in der Regierungserklärung angekündigt: die Nationalstiftung. Eine schwierige und, wie sich auch aus den von Ihnen genannten Gründen zeigt, offenbar nicht zu realisierende Idee, weil der Föderalismus dem im Wege steht, weil die Opposition die Standortfrage sofort hochgespielt, dann die Regierung das Ganze niedriger gehängt hat, das Ganze versandete in der Kompetenz des Innenministeriums. Heute stehen wir eigentlich vor dem beschämenden Zustand, daß dort 15 oder 18 Millionen D-Mark angesammelt wurden, und die sollen nun an die Kunstverbände verteilt werden. Ich bin dagegen, das ist wie ein Ausgezahltwerden, und damit ist die Idee hinüber. Kann man nicht vielleicht zu dem Schluß kommen – ich bin zu ihm gekommen –, daß aus der Natur der Sache heraus lediglich der eine deutsche Staat, in dem Fall die Bundesrepublik, gar nicht in der Lage sein kann, eine Nationalstiftung ins Leben zu rufen, weil nach wie vor beide Staaten zuständig wären?

SCHMIDT: Diesen letzteren Gedanken, den ich von Ihnen ja kenne, habe ich, wie Sie wissen, gern akzeptiert, ich habe ihn auch, unter Quellenangabe Günter Grass, öffentlich zur Diskussion gestellt, mit meinem positiven Votum. Aber das bleibt eine sehr schwierige Sache.

GRASS: Eine Jahrzehnte-Aufgabe.

SCHMIDT: Ja, und das braucht die Zustimmung der anderen Seite. Damit kein falscher Ruch am Innenministerium des Bundes hängenbleibt: Wir hatte im letzten Jahr, etwa vor knapp Jahresfrist, eine Lösung für die Nationalstiftung zustande gebracht. Die hatte ich mit einer Reihe von Ministerpräsidenten der deutschen Bundesländer – auch der Opposition – ausgehandelt. Schließlich hat dann der bayerische Ministerpräsident erklärt, das komme nicht in Frage. Daran ist es gescheitert, und nach dem Grundgesetz habe ich auf diesem Felde keine Möglichkeiten, mich durchzusetzen gegenüber den Ländern.

GRASS: Es ist doch nicht zu leugnen, daß wir mehr Schwierigkeiten haben, uns als Deutsche mit Hilfe eines kulturellen Spiegels wiederzuerkennen, als andere Nationen. Doch ist es auch nicht zu leugnen, daß die Politik, selbst wenn sie sich zu Recht versagt, Direktiven zu geben, was ich ja auch nicht möchte, was keiner von uns will, dennoch, und sei es durch Aussparen von Kultur, kulturpolitische Entscheidungen trifft. Und Tatsache ist, um zum Beispiel an den Bundestag zu erinnern, daß Kultur immer nur dann vorkommt, wenn irgendeine kleine Anfrage auf der Tagesordnung steht, dann dreht es sich wieder einmal um den einen oder anderen Schriftsteller, oder um Schelte, oder Zurückweisung der Schelte, oder Relativierung der Schelte. Ein Beispiel dafür, wie schwer sich der politische Bereich besonders in Deutschland mit dem Bereich der Kultur verträgt.

SCHMIDT: Ich halte das für einen doppelten Irrtum. Ich halte es für einen schweren Irrtum, zu glauben, daß dies ein auf die deutsche Politik beschränktes Phänomen sei. Politik und Kunst sind in weiten Teilen der gegenwärtigen zeitgenössischen Welt zwei sehr weit voneinander getrennte Bereiche der jeweiligen Gesellschaft, des jeweiligen Staates. Am wenigsten noch in Frankreich. Aber in anderen Staaten mindestens so sehr wie bei uns. Das ist nichts spezifisch Deutsches. Und ich halte es auch für einen Irrtum zu glauben, weil der Bundestag nicht über Kunst redet, seien die Abgeordneten Banausen. In Sachen Kunst, in Sachen Literatur hat der Bundestag vom Grundgesetz her weitgehend keine Aufgabe.

Aber mir will vorkommen, daß ich vorhin auf eine Bemerkung von Herrn Raddatz hätte antworten wollen, was mir aber nicht gelungen ist, oder was ich übersehen habe. Das war eine Bemerkung über den Hamburger Theaterleiter Boy Gobert, indirekt.

FJR: Nein, direkt.

SCHMIDT: War direkt, richtig. Ein großartiger Theaterleiter. Und Sie haben zu erkennen gegeben, daß Sie im Grunde meinen, er sei zwanzig Jahre hinter der Zeit hinterher, es gäbe doch noch viel Moderneres. Das ist sicher wahr. Nur, ich fand den Mann wirklich großartig, warum soll ich ihm das nicht zeigen. Das möchte ich ihm genauso zeigen, wie Horst Janssen oder wie den Schriftstellern, die hier am Tisch sitzen. Wenn ich etwas gut finde, dann sage ich das gern. Ich betätige mich gern als einer von vielen im Publikum, die Beifall zollen. Was nun das öffentliche Theater angeht: das ist wie in der Politik. Theater und Politik brauchen Publikum, und wenn das Publikum nicht respondiert, dann kann der Politiker noch so viele große Reden halten, wenn keiner zuhören will, dann redet er in den Wind. Und so ist das mit dem Theater auch, Sie können Theater auch in den Wind spielen. Sie müssen Publikum haben, und Sie müssen in der Lage sein, Publikum anzuziehen. Es gibt sicherlich Auffassungen auf dem Theater heutzutage, die sogar ausdrücklich sagen, es ist mir wurscht, was das Publikum denkt, auf das Publikum kommt es gar nicht an.

FJR: Es gibt eine andere Bühne, etwa die Schaubühne in Berlin, die mit knapper Not dem Verdikt einer sozialdemokratischen Stadtregierung entkommen ist, aus der Stadt getrieben zu werden, und die ihr Publikum auch angezogen hat und heute noch vor stets ausverkauftem Haus spielt.

SCHMIDT: Wer vor ausverkauftem Haus spielt, hat prima facie recht.

FJR: ... hatte aber eine ganze Weile vis-à-vis seiner Stadtregierung nicht recht. Da ist der Unterschied.

SCHMIDT: Lieber Herr Raddatz, darüber kann ich nicht urteilen. Ich höre den Tatbestand von Ihnen und kann dazu nichts sagen, ich kenne die Umstände nicht. So etwas gibt es ja: ein Theater ohne kommunalpolitischen Skandal, oder eine Kommunalpolitik ohne Theaterskandal wäre noch erst zu erfinden. Das muß ja alle paar Jahre mal vorkommen, ob in Frankfurt oder ...

FJR: Nein, da weichen Sie ein bißchen aus, daran macht sich schon ein bißchen etwas fest.

SCHMIDT: Nein, ich will nicht ausweichen, ich kenne den Fall nur nicht.

FJR: Daran macht sich fest, daß etwa in Recklinghausen, was Gewerkschaftsfestspiele sogar sind, eben eine – ich nenne es jetzt einmal pauschal: eher avantgardistische schwierige Aufführung fast boykottiert wurde, jedenfalls nach zwei Aufführungen leer blieb. Das heißt, ich nehme ja gar nicht Boy Gobert die Ehre weg, von dem ich selber gesagt habe, ein großartiger Theaterleiter, ein glänzender Schauspieler. Ich meine ja nur, daß sich an solchen Dingen Trends, Kultur- und Kunstverständnis – und darüber reden wir ja – festmachen. Daß man viele solcher Beispiele à la Schaubühne, Recklinghausen nennen könnte, wo fast in CDU-Weise Sozialdemokraten das Sprengende, Neue, Schwierige in der Kultur, welchen Genres immer, angegangen sind, muß mit etwas zusammenhängen. Und das frage ich Sie: womit das zusammenhängen mag.

SCHMIDT: Das Berliner Beispiel kann ich nicht beurteilen. Die Recklinghauser Festspiele sind entstanden als Theater für die Arbeiterschaft an der Ruhr. Wenn sie aber die Arbeiterschaft an der Ruhr rausspielen aus dem Theater, verfehlen sie ihren Zweck.

FJR: Aber Sie wissen immer so ganz genau, was das Volk will. Will das Volk das Volkstümliche? Brecht hat schon gesagt: »Das Volk ist nicht tümlich.« Woher wissen Sie das eigentlich?

SCHMIDT: Ich habe nicht gesagt, daß ich weiß, was das Volk will. Ich habe nur gesagt, wenn ein Theater leergespielt wird ...

FJR: Das ist so, wie auf dem Sozialdemokratischen Parteitag 1896 der Naturalismus als fast entartet hingestellt wurde. Und da hat man auch zu sagen gewußt, fast wörtlich: Die Menschen wollen das nicht. Wer sagt das eigentlich?

SCHMIDT: Das kann niemand behaupten zu wissen. Es gibt zwar immer Politiker, die glauben, daß sie das beurteilen können. Die gibt es übrigens viel mehr auf der konservativen Seite. Reaktionäre Ansichten zur modernen Kunst sind rechts viel ausgeprägter als links. Niemand kann wissen, was das Volk will. Das muß man das Volk selbst entscheiden lassen, deswegen muß auch jeder seine Theaterkarte selbst kaufen, muß selbst entscheiden, ob er ins Theater gehen will oder zum Fußballspiel oder in die Discothek. Die Politiker haben nicht zu entscheiden, was das Volk schön finden soll.

LENZ: Ich wollte noch einmal persönlich werden. Ich weiß, daß Sie Lieblingsschriftsteller haben. Sie haben es selbst einmal gesagt. Hamsun gehört dazu. Zola, Solschenizyn, Hemingway. Wenn man solche Äußerungen liest, beginnt man, sie auf den Mann zu beziehen, der erklärbarer oder ein bißchen kenntlicher wird durch solche Bekenntnisse. Mich würde interessieren, wie Sie Hemingway erläutern. Ein Mann, zu dessen Heldenkodex es gehört, daß sie entweder einen Kampf hinter sich oder einen Kampf vor sich haben. Und Solschenizyn, missionsfreudig auch im Politischen, der der Ansicht ist, daß der Schriftsteller zumindest in bestimmten politischen Situationen so etwas wie eine eigentliche Legislative darstellt. Haben Sie Lust, Ihre Lieblingsschriftsteller zu erläutern?

SCHMIDT: Sehr ungern. Erstens lasse ich mich ungern in solche Korsetts binden. Man kriegt immer wieder solche Anfragen vorgelegt und schreibt dann je nach Tageslaune das hinein, was einem gerade einfällt. Das ist deswegen nicht falsch, aber es ist nicht sehr sorgfältig überlegt. Solchen Antworten haftet also etwas Zufälliges an. Und zum anderen: zu erläutern, was ich etwa an Hemingway oder Thornton Wilder oder an den anderen großen Amerikanern – Dos Passos, Faulkner, Saroyan, Dreiser – aus diesem Jahrhundert finde, dazu fehlt mir die literarhistorische Bildung. Es ist nicht mein Metier. Das kann ich nicht erklären, ich kann Ihnen nur sagen: Das gefällt mir. Ich kann Ihnen auch nicht wirklich erklären, warum für mich Johann Sebastian Bach die Krone der Musik ist. Dat is nich mien Sook.

FJR: Ehrlich gesagt: Mir ist das inzwischen ein bißchen brav, gar staatsmännisch geworden. Wir können doch den Kulturbegriff nicht so einengen, daß wir immer nur von ein paar Malern und Schriftstellern oder Komponisten reden und verschweigen, daß das Abdriften eines Teils der jungen Generation bis in Staatsverdrossenheit, Politikverdrossenheit, ein kulturelles Phänomen ist. Mich beschäftigt das sehr, auch daß Leute wie Sie von einem Teil dieser jungen Generation gar nicht mehr angenommen, nicht einmal mehr gehört werden.

SCHMIDT: Es kommt immer wieder vor, auf jedem Hof, derselbe Kampf zwischen dem Sohn, der nachwächst, und dem Alten, der den Hof noch nicht abgeben will, und das mangelnde Verständnis zwischen beiden. Das gibt es immer wieder, das ist nichts Neues. Ich wehre mich dagegen, die gegenwärtigen Phänomene für etwas prinzipiell Neues oder für den Weltuntergang zu halten.

FJR: Von Weltuntergang war nicht die Rede. Wir wollen aber auch nicht Arnolt Bronnens »Vatermord« aufführen und das auf einen Generationskonflikt herunterspielen.

SCHMIDT: Ich spiele das nicht herunter, sondern ich sage, der Generationskonflikt ist das eigentliche Agens dabei. Wann hatten Sie denn eine volle Übereinstimmung der nachwachsenden Jugend mit ihrer Regierung? Ich bitte Sie, wo gibt's denn das? *Die* Jugend wäre doch nicht gesund . . .

FJR: Niemand hat gesagt, daß es das nie gab. Ich sage, daß es zugenommen hat, daß auch Leuten wie Ihnen ein großer Teil der jungen Generation nicht mehr zuhört.

SCHMIDT: Das stimmt nicht.

FJR: Der Fernseher wird ausgemacht, egal, ob Helmut Schmidt spricht oder Franz Josef Strauß.

SCHMIDT: Das stimmt gar nicht, was Sie sagen. Das mag bei einigen so sein. Gucken Sie sich aber doch mal die Meinungsumfragen an – es stimmt nicht, was Sie sagen. Es ist ein sehr kleiner Teil der jungen Leute, die den Fernseher ausmachen.

GRASS: Ich halte das für einen besonders wichtigen Punkt, der jetzt zur Zeit abgehandelt wird.

SCHMIDT: Das ist ein kleiner Teil, und Sie identifizieren sich mit einem kleinen Teil der jungen Leute und setzen den für allgemein. Das war zu der Zeit, als ich jung war, auch nicht anders. Und zu der Zeit, wo meine Eltern jung waren oder mein Schwiegervater, auch nicht.

GRASS: Ich hielte es für falsch, es auf einen Generationskonflikt zu reduzieren und wie Sie zu sagen, »zu meiner Zeit war es auch nicht anders«. Es ist etwas anderes hinzugekommen bei der jungen Generation. Ich kann das, glaube ich, beurteilen, weil ich Kinder in dem Alter habe, es bei anderen beobachte. Da spitzt es sich nicht so zu wie Raddatz das jetzt sagt, daß der Fernseher abgeschaltet wird. Die hören schon zu – es bleibt aber ein ganzes Feld unbesetzt. Das hat mit dem üblichen Generationskonflikt nichts mehr zu tun. Wenn in anderen Generationen ein Konflikt zwischen der älteren regierenden Generation und den Jüngeren existierte, dann hatte diese jüngere Generation eine noch so verstiegene oder utopische, richtige oder falsche Vorstellung, was sie unter Zukunft verstand und was sie realisieren wollte. Hier auf einmal läßt sich feststellen und beweisen, daß ein Vakuum entstanden ist. Ich glaube, daß *einer* der

Gründe vielleicht darin zu suchen ist, daß wir 30 Jahre lang mit Wiederaufbau, mit Stabilisierung zu tun hatten, materielle Werte geschaffen haben und dieses materielle Denken alles andere bestimmt und mitbestimmt hat. Auch die gesamte Motivierung der mittlerweile Vierzigjährigen, die damals junge Generation waren, in Richtung: machen, tüchtig sein, etwas leisten, hatte einen ganz anderen Wert als heute. Diese Motivierung findet in dem Maße nicht mehr statt.

LENZ: Sie ist erschöpft.

GRASS: Sie ist schwieriger geworden; die Argumente, die dagegengesetzt werden, klingen zum Teil hohl. Und ich glaube, daß hier ein – jetzt komme ich eigentlich auf das, was ich mir von unserem Gespräch versprochen habe – kulturelles Vakuum entstanden ist. Daß wir nicht in der Lage sind, diese andere, verbindende Kraft, die sich nicht vom Machbaren, vom Realisierbaren her definieren läßt oder nicht *nur* von daher – daß wir dort ungenau werden, es nicht bestimmen können, es entweder ausklammern im Bereich der Bundesrepublik – wie Sie ständig beteuern: die Bundesregierung ist nicht kompetent, wir haben die Länderhoheiten – oder auf der anderen Seite in der DDR der Staat sich das Sagen zumißt und mit Parforce eine separatistische Nationalkultur errichten will, die wiederum von der Masse der Bevölkerung, aus anderen Gründen, abgelehnt wird. Eine Identifizierung mit der einen wie mit der anderen Form kann bei der jungen Generation heute nicht mehr stattfinden.

SCHMIDT: Schrecklich viel Selbstmitleid erkenne ich aus all dem. Sie kommen mir vor wie Leute, die sich in ihrer Aufgabe mißverstanden und unzureichend unterstützt fühlen. Dies wäre zwar in allen drei persönlichen Fällen besonders abwegig, denn Ihr drei seid anerkannte Leute, die sehr viel Zustimmung finden. Ihr fühlt euch aber, stellvertretend für andere, unzureichend unterstützt. Ich verstehe das zwar, aber es rührt mich nicht sonderlich. Ich wurde während des Dritten Reiches erwachsen, ich war 1933 vierzehn Jahre alt. Als ich nach heutigen Begriffen volljährig wurde, wurde ich Soldat, 1937. Mit welchen Konflikten *wir* als 18-, 19-, 20-, 25-, 26jährige haben leben müssen, das war schon sehr schlimm. Damit sind wir fertig geworden, sind halbwegs anständige Menschen geworden im Laufe dieses Lebens und haben auch schließlich noch gelernt, was Norden und was Süden ist, und was Gut ist, und was Böse ist. Das letztere hatten wir schon während des Dritten Reiches gelernt, und daher stammte ja ein großer Teil unserer entsetzlichen Konflikte, in denen wir standen, weil wir schon während des Dritten Reiches wußten, was böse ist. Die Jugend vor der meinigen war durch die Massenarbeitslosigkeit geprägt, die ökonomische Aussichtslosigkeit. Wenn irgend etwas die heutige Jugend unterscheidet, dann sind es zwei Dinge: ein kategorischer Unterschied in den Lebensumständen, die unvergleichlich besser sind, so daß also kein ökonomischer Druck auf den aller-, allermeisten Menschen lastet. Und das zweite ist nur ein gradueller Unterschied: Die Entleerung religiöser Inhalte macht natürlich von Generation zu Generation immer schnellere Fortschritte, sie spielt eine ganz große Rolle. Wie viele der jungen Menschen heute Gott nicht erfühlen können, kann ich nicht abschätzen, aber ich glaube, daß es für manche derjenigen, die mit dem Leben Schwierigkeiten haben, heute zutrifft. Ich kann ihnen leider nicht helfen. Die Kirche kann ihnen offenbar auch nur sehr beschränkt helfen, offenbar nur einem Teil von ihnen, und manche Jugendliche glauben eher an einen hilfsbereiten oder verständnisvollen Pastor als an Gott. Aber der kategorische Unterschied sind die ökonomischen Lebensumstände, die es heute eben auch ermöglichen, nichts zu tun. Der berühmte Angler, der arbeitslos ist, und trotzdem mit dem eigenen Außenbord-Motorboot angeln fahren kann, der war vor 30 Jahren undenkbar.

GRASS: Ich möchte jetzt nicht den Fehler machen wie Sie, Zensuren zu erteilen – also, daß wir wehleidig reagieren, und sei es stellvertretend für andere. Mir kommt das alles ein bißchen selbstgefällig vor. Das Aufrechnen von eigenen Generationserfahrungen, das läßt sich eben nicht auf eine jüngere Generation übertragen.

SCHMIDT: Richtig, dem stimme ich zu.

GRASS: Dann können Sie sich auch der Einsicht nicht verschließen, daß wir auf einmal feststellen müssen, daß die ökonomische Befriedigung dennoch ein Vakuum hat entstehen lassen. Und Sie bestätigen ja mit Ihrem zweiten Satz, auch wenn Sie es auf den religiösen Bereich einengen, daß hier etwas fehlt; daß unsere Gesellschaft nicht mehr in der Lage ist, mehr anzubieten als die Sicherheit im ökonomischen Bereich.

SCHMIDT: Lassen Sie uns mal annehmen, daß wir darin übereinstimmen. Worin wir nicht übereinstimmen, ist, daß Sie offenbar die Vorstellung haben, es sei Sache der Regierenden, dies zu ändern.

GRASS: Das habe ich ja nicht gesagt. Im Gegenteil, ich habe vorhin gesagt, ich will um Gottes Willen keine Regierung, die uns die höheren Werte diktiert. Aber das andere Extrem ist, aus Ihrer verständlichen Scheu, Direktiven geben zu sollen, nun das ganze Problem auszuklammern.

SCHMIDT: Das tue ich nicht.

GRASS: Doch. Wenn Sie in dem Augenblick, in dem ich hier mehrmals im Gespräch das Vakuum Nation anspreche, und ich habe Gründe, warum ich das anführe, sagen: Da kann die Regierung nichts machen.

SCHMIDT: Das habe ich nicht getan. Lieber Freund, ich habe nicht von der Nation gesprochen, ich habe von der kulturpolitischen Idee der Nationalstiftung gesprochen, nicht von der Idee der Nation. Das müssen wir voneinander trennen.

GRASS: Wenn wir als Deutsche nicht in der Lage sind, uns ohne Hybris als Nation zu definieren, sei es mit Hilfe unseres nach wie vor vagen Kulturbegriffes: dann entsteht ein Vakuum, das ist sogar schon da. Und die Gefahr tut sich dann auf, und das ist in deutscher Tradition immer so gewesen, daß dann dieses Vakuum eines Tages von rechts aufgefüllt wird. Ich schließe nicht aus, daß gerade bei dieser oft so diffus reagierenden jungen Generation, die so unmotiviert erscheint, die so unlustig erscheint, die auch wehleidig reagiert, eine Bereitschaft da ist, dann irgendein Angebot irrationaler Art aufzugreifen und für sich zum Instrument zu machen. Dann läge das Versagen, wenn man nach den Gründen fragen wollte, bei denjenigen, die aus einer total berechtigten Scheu vor den großen Worten, vor den großen Werten, dieses Thema zu lange ausgespart haben und es zu pragmatisch, zu ausschließlich pragmatisch gesehen haben; aus der Scheu heraus, daß die Beschäftigung mit dem Begriff Nation im Zusammenhang mit Kultur Gefahr läuft, mißverstanden zu werden, sei es vom anderen Staat, sei es von unseren Verbündeten im Westen, sei es von wem auch immer.

LENZ: Das erscheint mir zu selbstgewiß argumentiert insofern, als auch ein Kulturbegriff oder ein Kulturangebot immer frei gewählt wird. Man kann dieses von Grass so genannte Vakuum nicht auffüllen, indem man nun versucht, Kultur zu vermitteln oder Kultur als Erleichterungsvehikel abzugeben in dem Sinne, daß dann eine nationale Identität leichter zu finden, müheloser darzustellen wäre. Man kann ein Vakuum – falls es schon feststellbar ist, und ich sehe das auch – nicht durch ein gesteigertes Literaturangebot oder Kulturangebot auffüllen. Das muß frei gewählt werden in dem Sinne freiwilliger Bindung an ein religiöses Ideal oder andere Ideale. Das materielle Überangebot, das diese Sorglosigkeit ermöglicht, hat sich erschöpft, das ist klar. Aber mit solchen Ungewißheiten muß man leben. Ich glaube nicht, daß das steuerbar ist.

SCHMIDT: Darf ich zum Thema Nation etwas sagen. Ich bin da sehr altmodisch und außerdem auf diesem Felde von einem sehr vitalen Optimismus. Ich bin altmodisch und halte an dem Nation-Begriff fest, und ich bin von einem großen Optimismus: Ich sehe nicht, daß die deutsche Nation untergehen wird. Und ich bemühe mich, das, was ich tun kann, dazu zu tun, daß sie auch im Bewußtsein bei möglichst wenigen verloren geht, in dem Bewußtsein der anderen aber gestärkt werde. Ich habe mich dazu geäußert, viele Male, in einem Sinne, der mir dann – das ist eine Reihe von Jahren her – in einer großen Bundestagsdebatte den Vorwurf einbrachte, ich verengte den Nation-Begriff auf den Begriff der Kulturnation, wie Sie ihn gebraucht haben. Obwohl ich diese Feststellung gar nicht für ganz falsch halte, was mich angeht, so kann ich darin keinen Vorwurf erblicken. Ihr beurteilt unsereins nach dpa-Nachrichten.

GRASS: Woher wissen Sie das? Das sind doch ungeheure Vorurteile.

SCHMIDT: Das unterstelle ich ganz frech.

GRASS: Dadurch wird es ja nicht besser.

SCHMIDT: Doch, ich muß mich doch gegen Frechheiten wie den »Macher« wehren dürfen, das hat Herr Raddatz doch alles gesagt, da muß er sich doch auch die Gegenrede anhören.

GRASS: Sie sprechen im Plural ...

SCHMIDT: Gut, ich rede gern im Singular, ich nehme den Plural zurück. Wenn man mir das Machbare als Kennzeichen anhängen will, so hätte ich dagegen zunächst nichts einzuwenden.

GRASS: Ich auch nicht.

SCHMIDT: Ich habe nur dann etwas dagegen einzuwenden,

wenn damit unausgesprochen der Vorwurf verbunden wird: Im übrigen versteht er ja von vielem anderen nichts. Das ist ein Irrtum. Das verbitte ich mir, hingestellt zu werden als eine mindere Kategorie, als bloßer Macher des Praktischen, über den man erhaben sein kann, weil man selbst Philosophen liest oder selbst Philosophie schreibt. Ich halte es, entschuldigen Sie meine Arroganz der Formulierung, in Wirklichkeit für eine große kollektive Gesamtleistung der Regierungen der westlichen Welt in der zweiten Hälfte des eben abgelaufenen siebziger Jahrzehnts, daß wir wirtschaftliche Stabilität und Frieden erhalten haben. Leicht war das nicht. So, und nun will ich Ihnen nach dieser Suada einräumen, daß abgesehen vom großen Cäsar die meisten Leute nicht sieben Sachen gleichzeitig tun können, sondern vielleicht nur zwei oder drei. Und es kann sein, daß, wenn man nicht mehr als zwei oder drei Sachen gleichzeitig machen kann, die sechste oder die vierte oder die fünfte Sache darunter ein bißchen zu kurz kommen. Das ist denkbar, das will ich nicht wegstreiten. Aber ich will damit nicht vergessen machen, was ich sagte: Die deutsche Regierung ist im Verhältnis zur französischen, zur englischen, zur amerikanischen, zur japanischen Regierung auf dem Gebiete der Kultur durch die geschriebene Verfassung und durch das Verfassungsgericht in einer Weise beschränkt, die mir persönlich sehr schmerzhaft ist. Die mir schmerzhaft, aber leider sehr bewußt ist. Es gibt nur drei Staaten auf der Welt, in denen die Zentralregierungen so eingeengt sind, wie das in Bonn der Fall ist. Das sind Jugoslawien, Kanada, und der dritte sind wir.

Inzwischen bin ich in der Frage der Nationalstiftung eher ein Anhänger jenes Versuchs, der aus anderen Gründen noch viel schwieriger werden wird, wie ihn Grass vorhin in Erinnerung gerufen hat. Es wird vielleicht sehr lange dauern, bis man so etwas zustande kriegt, man muß da wahrscheinlich auch den Namen wechseln, weil dieser Name jetzt vorbelastet ist, für die andere Seite nicht erträglich vorbelastet ist. Aber wissen Sie, Herr Raddatz, ich rede nicht gerne als verantwortlicher Politiker über halbfertige Gedanken, jedenfalls nicht öffentlich. Ich rede gern unter Freunden über alles mögliche. Und ich rede als verantwortlicher Politiker auch nicht gern über – wie haben Sie gesagt? – über Elemente der Irratio in der Politik. Das ist nicht meine Aufgabe, sollte es auch nicht sein. Wenn ich einmal wieder Privatmann sein werde, mag sich das sehr ändern. Gegenwärtig bin ich der leitende Angestellte der Bundesrepublik Deutschland, und alle vier Jahre haben wir eine Generalversammlung, wo einige 30 Millionen wahlberechtigte Bürger darüber abstimmen, ob ihr Unternehmen einigermaßen anständig geführt ist oder ob es unzureichend geführt worden ist. Und gegenüber denen habe ich mich zu verantworten, und die möchten wissen bei ihrer Regierung, woran sie sind, und möchten von ihrer Regierung weder religiöse noch künstlerische Belehrungen haben, sondern sie möchten wissen, ob das alles Unsinn ist mit der Staatsverschuldung, oder ob da was dran ist. Das ist es, wonach die Menschen mit Recht fragen. Außerdem gibt es dann noch welche, die fragen danach, welche Vorstellung soll ein neuer Theaterintendant von seinem neuen Theater haben. Die haben auch recht. Das gehört aber in die Kommunalpolitik. Sie können nicht alle Fragen auf der Welt auf eine Person und auf eine Regierung projizieren, das dürfen Sie nicht. Und die Regierung hat das Recht, von sich aus zu sagen, wir haben drei, vier vorrangige Aufgaben, wir geben zu, es gibt noch viele, viele weitere, die für uns aber nicht Vorrang haben können. Und mehr als ein gewisses Maß an Arbeit können wir gleichzeitig nicht leisten.

LENZ: Dennoch, da wir nun einmal Schriftsteller sind, gibt uns auch einiges zu denken. Etwa die Tatsache, daß wohl in keinem anderen Parlament so etwas – Grass hat darauf angespielt – wie Autorenschelte vorgekommen ist. Und ich habe mich gefragt, ob das nicht doch hierzulande in unserer Republik ein bißchen das Verhältnis einiger Politiker, ich will nicht sagen aller, aber einiger Politiker zu den Autoren bezeichnet.

SCHMIDT: Von wo kommt denn die Autorenschelte hier in Deutschland?

LENZ: Meist von der CDU. Ich kann sofort mit Namen dienen ...

SCHMIDT: Ich höre zu.

LENZ: Ich kann mit etlichen Namen dienen.

SCHMIDT: Ich will von mir aus niemanden auf die Anklagebank heben.

LENZ: Aber die Kollegen können wir gerechterweise nennen, von Brecht bis Uwe Johnson, von Böll bis Grass, von Hochhuth bis Staeck und Wallraff. Und das, glaube ich, illuminiert die Situation hierzulande in einer Weise, daß wir uns doch zumindest als Schriftsteller besorgt zeigen können. Denn in keinem anderen Parlament ist dies geschehen, daß Autoren ausdrücklich gescholten wurden wegen ihrer Haltung zu aktuellen Ereignissen.

SCHMIDT: Ich weiß nicht, ob der letzte Satz stimmt; wahrscheinlich stimmt er, denn Sie haben sich da ja wohl vergewissert. Wahrscheinlich meinen Sie die Entgleisungen von Ludwig Erhard bis zu jüngsten Entgleisungen, die wir vier noch im Ohr haben. Mir sind sie auch sehr unangenehm, übel, suspekt, bedenklich. Und sie wären mir noch bedenklicher, wenn ich damit rechnen müßte, daß Leute, die so über Kunst und Schriftstellerei und über Dichtung reden, daß die morgen regieren könnten. Deswegen möchte ich erstens nicht, daß die morgen regieren, und deswegen möchte ich zweitens überhaupt nicht, daß Regierende sich vorstellen, sie hätten über Kunst und Literatur, über Kultur zu urteilen.

FJR: Sie ziehen sich immer auf dasselbe zurück.

SCHMIDT: Warum soll ich im Laufe eines Gesprächs meine Meinung ändern, Herr Raddatz?

FJR: Warum nicht? Wenn es so wäre, wäre es ja ganz schön. Aber gut. Sie haben vorhin gesagt, Sie wollen nicht der Vorphilosophierer sein, und es hat Sie ja auch niemand, Gott behüte, darum gebeten. Aber was Sie in Ihrem, fast möchte ich sagen: statement, sehr emphatischen statement vorhin gesagt haben: Ist denn der Staat für Sie wirklich nur ein Unternehmen? Deshalb meine Frage nach der Irratio. Menschen sind nicht nur Hypothekenabzahler. Es gibt wohl wenige Leute, die Ihnen unterstellen, Sie hätten dieses »Unternehmen« nicht gut geleitet.

SCHMIDT: Doch, einer Ihrer Herausgeber hat vor kurzem genau das Gegenteil geschrieben.

FJR: Gut, ich bin nicht der Herausgeber, leider ...

SCHMIDT: Das wollen wir aber auch drucken!

FJR: ... sonst ginge es der Zeitung natürlich viel besser.

SCHMIDT: Das letztere weiß ich wieder nicht so genau. – Natürlich, Herr Raddatz, ist der Staat kein Unternehmen, das war ein Bild, das mir im Augenblick gerade einfiel.

FJR: Ist das ein Zufall, daß Ihnen *dieses* Bild einfiel?

SCHMIDT: Ja, wir Deutschen haben sehr viel über den Staat nachgedacht, wir waren auf diesem Gebiet nicht faul, wenngleich wir wahrscheinlich nichts besonders Herausragendes zustande gebracht haben. Eine meiner Lieblingsideen ist, wenn ich mal aus dem Amt bin, ein großes Buch zu schreiben, ein schwieriges Buch, das sich beschäftigen soll mit der Frage: Was ist eigentlich die historische, die geschichtliche Funktion, was ist eigentlich die in die Zukunft weisende Aufgabe dieses westdeutschen Staates, der doch nur Teil der deutschen Nation ist, was ist die Zukunftsaufgabe dieses deutschen Teilstaates? Das möchte ich gern projizieren auf einen doppelten Hintergrund durch das ganze Buch hindurch. Ich möchte es einerseits projizieren auf die staatsdenkerischen Einflüsse, welche im Laufe der Jahrhunderte und bis in die Gegenwart hinein und extrapoliert in die Zukunft, voraussichtlich auch in Zukunft die Vorstellung der Deutschen vom Staat beeinflussen. Einige habe ich vorhin genannt, andere nicht, die müßte ich hier auch noch nennen: Ich müßte Lassalle nennen, ich müßte Bismarck nennen; man müßte die Naturrechtsphilosophie, auch das katholische Naturrecht, das die Deutschen beeinflußt hat, genauso wie das Völkerrecht nennen – aber eben auch Hegel. Und der andere Hintergrund, auf den ich das projizieren möchte, ist das, was ich in der deutschen Gegenwartsgeschichte, Gegenwartspolitik selbst miterlebt habe, also seit Beginn des Krieges, seit ich erwachsen wurde. Das ist eine Lieblingsidee, die ich seit einer Reihe von Jahren hege, da mache ich ab und zu auch mal die eine oder andere Notiz und stecke sie in einen bestimmten großen Kasten. Aber natürlich braucht so ein Buch dann eine Reihe von Jahren Arbeit. Da wird dann vielleicht im großen und ganzen Günter Grass befriedigt sein, nachträglich festzustellen, wenn er das Buch in die Hand bekommt, daß dieser gegenwärtige Bundeskanzler eine ganze Menge nachgedacht hat über Nation und über die Aufrechterhaltung der Nation. Da wird vielleicht Herr Raddatz ganz befriedigt sein, weil da mehr theoretische Erkenntnis zutage gefördert werden wird, als er sie gegenwärtig mir zuzutrauen, zuzugeben bereit ist.

FJR: Ich erwerbe schon jetzt die Vorabdrucksrechte für die ZEIT.

SCHMIDT: Die erwerben Sie aber nur durch beiderseitige Willenserklärung. Wenn ich Herrn Raddatz nochmal ärgern darf zum Schluß: Ich habe mich niemals für einen Marxisten gehalten, aber mehrere Dinge hat Marx wirklich beigesteuert zu dieser Welt. Große Erkenntnisse. Zum Beispiel die Erkenntnis, daß das ökonomische Dasein ganz wesentlich das Denken des Menschen bestimmt; oder Kurzformel: das Sein bestimmt das Bewußtsein. Oder anders ausgedrückt, zweitens: die Erkenntnis, daß – ich sage das jetzt einmal mit meinen Worten – wenn Ökonomie nicht befriedigend funktioniert, wahrscheinlich Staat und Gesellschaft überhaupt nicht funktionstüchtig gehalten werden können. Und deshalb nehme ich mir die Freiheit nach wie vor, auch am Ende eines solchen mehr philosophischen Streitgespräches, bei meiner Meinung zu bleiben, auch wenn Sie das für gering achten: Das Ökonomische richtig funktionstüchtig zu halten, halte ich in dieser Zeit nach wie vor für von eminenter, herausragender Bedeutung für den Frieden im Innern wie nach außen.

GRASS: Mich hat das Zitieren Marxscher Erkenntnisse interessiert, die sicher gewichtig und richtig sind. Aber die auch natürlich – in der Fortentwicklung des Marxismus – eure Gefahr gezeigt hat, nämlich die ausschließliche Reduzierung der menschlichen Existenzfrage auf das Ökonomische. Hier setzen ja unsere kritischen Fragen ein. Ich gebe zu, daß natürlich ohne einen gesunden und tragbaren ökonomischen Hintergrund all das andere, zum Beispiel das was uns interessiert, nicht möglich ist. Aber umgekehrt, auch eine Reduzierung aufs Ökonomische läßt dann keinen Raum mehr für andere menschliche Möglichkeiten.

SCHMIDT: Eine Reduzierung des Menschen auf das Ökonomische ist verboten.

Ferienland mit Einzelhaft

Gespräch mit Mihajlo Mihajlov

FJR: Ich hätte gern, daß Sie als erstes Ihre Erfahrungen aus der Haft in Jugoslawien beschreiben: In Westeuropa gilt Jugoslawien ja generell als ein milderes, demokratischeres kommunistisches Land unter den Ostblockstaaten.

MIHAJLOV: Im gewissen Sinne unterscheidet sich Jugoslawien vom Ostblock. Aber nicht was Gefängnisse anbelangt: Es erkennt zum Beispiel den Status eines politischen Gefangenen nicht an. Es behandelt alle wie Kriminelle.

FJR: Wie viele politische Gefangene gibt es?

MIHAJLOV: Das weiß keiner. Zwischen sechshundert und tausend. Genau weiß das keiner.

FJR: Wie sind die Haftbedingungen? In Ihrem Fall doch offenbar besonders schwer?

MIHAJLOV: Was mich persönlich anlangt, war das Verhalten im allgemeinen korrekt, mich hat keiner geschlagen. Aber furchtbar ist das Gefängnis von Stara Gradiska in Kroatien. Das ist ein Konzentrationslager, wie es im Buche steht. Die politischen Gefangenen müssen schwerste körperliche Arbeit machen, es ist furchtbar.

FJR: Haben Sie da gesessen?

MIHAJLOV: Nein. Aber trotz des Hungerstreiks wurde in unserer Anstalt unsere grundsätzliche Forderung nicht erfüllt, nämlich daß alle politischen Gefangenen an einem Ort miteinander vereinigt werden. Am Anfang war jeder für sich in Isolationshaft, was auf die Dauer nicht einmal nach jugoslawischen Gesetzen möglich ist.

FJR: Sie sehen sich als »politischer Gefangener«, als Dissident. Welcher politischen Couleur schreiben Sie sich zu? Dissident von was?

MIHAJLOV: Wissen Sie, wenn man mich angreift, dann heißt es ganz einfach, ich sei Anarcho-Liberaler, was völlig sinnlos ist. Ich betrachte mich im übrigen überhaupt nicht als eine politische Persönlichkeit, sondern ich bin immer verhaftet worden auf Grund dessen, daß ich geschrieben habe.

FJR: Aber es waren politische Texte, die Sie geschrieben haben.

MIHAJLOV: Sind Sie automatisch ein Politiker, wenn Sie einen Kommentar über irgend etwas schreiben?

FJR: Ich will Sie nicht zum Politiker machen. Aber Sie sind weder Romancier noch Lyriker.

MIHAJLOV: Ich bin ein politisch interessierter Schriftsteller.

FJR: Gut, und welche Position innerhalb oder außerhalb etwa des Marxismus beziehen Sie eigentlich? Es hat mich verblüfft, daß ich in einigen Ihrer Arbeiten die Forderung nach Sozialismus gefunden habe.

MIHAJLOV: Wenn man mich schon unbedingt definieren will, dann muß ich sagen, ich bin ein christlicher Sozialist. In Osteuropa kann man unter den dort herrschenden Bedingungen nichts anderes sein als Sozialist. Andere Möglichkeiten bieten sich einem nicht; Aber wenn man das im breiteren Sinne definieren wollte, dann bin ich zunächst einmal demokratischer Sozialist.

FJR: Pardon für meine Hartnäckigkeit, aber Sie beziehen sich in Ihren Schriften gelegentlich auf Kolakowski. Kolakowski lehnt aber den Begriff »demokratischer Sozialismus« vollkommen als einen Widerspruch in sich selbst ab.

MIHAJLOV: Vielleicht insofern, als er sich noch nirgendwo durchgesetzt hat, nirgendwo überprüfbare Wirklichkeit ist. Ein »Erkennungszeichen« wäre für mich die Ablösung des Einparteiensystems durch Pluralismus.

FJR: Das heißt, ein nichtmarxistischer Sozialismus? Gibt es das?

MIHAJLOV: Als exakteste Definition des Sozialismus erscheint mir folgende: eine wirtschaftliche Rechtsordnung, bei welcher das Privateigentum an Produktionsmitteln entweder abgeschafft oder wesentlich eingeschränkt ist. Diese Definition des Sozialismus beschreibt nicht nur dessen Unvereinbarkeit mit der Macht der kapitalistischen Monopole, Konzerne und Kartelle, sondern auch mit der Macht der Parteibürokratie, welche faktisch als Monopol sämtliche Produktionsmittel besitzt. In der kapitalistischen Gesellschaft bedeutet politische Demokratie nicht gleichzeitig auch wirtschaftliche Demokratie, und die Macht der Eigentümer der Produktionsmittel wird nicht durch die bloße Tatsache der politischen Demokratie aufgehoben. Dennoch hat die Demokratie eine große Bedeutung, da sie den friedlichen Weg zum demokratischen Sozialismus öffnet. Natürlich wird das nicht völlig reibungslos vonstatten gehen; wie es denn auch in den fortschrittlicheren kapitalistischen Ländern vor jedem neuen Schritt in Richtung Sozialismus Erschütterungen gibt.

FJR: Das Prager Modell also? Aber das war noch immer marxistisch geprägt.

MIHAJLOV: Natürlich, Dubček konnte nichts anderes sagen, aber selbstverständlich hätte sich die Entwicklung weiterbewegt auf einen demokratischen Pluralismus hin. Man sieht es ja an diesem »ganz schrecklichen« Einfluß des Eurokommunismus auf ganz Europa, Ost wie West, aber auch auf Belgrad.

FJR: Ost wie West? Wie würden Sie den Einfluß des Eurokommunismus auf den Westen definieren?

MIHAJLOV: Die linken Kräfte im Westen, die ausgedehnte sozialistische Reformen verlangen, lassen auch dann nicht von Ihren Forderungen ab, wenn offenbar wird, daß die angestrebten Reformen eine Einbuße an wirtschaftlicher Expansion nach sich ziehen werden. Sie kämpfen in allererster Linie um Freiheit; die Tatsache, daß man sich dessen bislang weder im Westen noch im Osten bewußt ist, bedeutet nur, daß die demokratischen Kräfte sich des eigentlichen Ziels ihres Kampfes noch nicht klar geworden sind. Weshalb es auch ständig zu Mißverständnissen kommt zwischen den linken Kräften im Westen und den Gegnern der kommunistischen Diktatur im Osten. Gleichzeitig ist ein merkwürdiger Widerspruch zu beobachten, der übrigens den, der ihn etwa durch die Gitter eines »sozialistischen Gefängnisses« wahrnehmen muß, schmerzt: Große, lautstarke und militante Gruppen junger Menschen im Westen entwickeln eine Neigung zu totalitärem Denken, während ihre »Genossen« im Osten unter Gefahr für Leib und Leben eben das fordern, was diese Leute zwar als bürgerlich passé verurteilen, aber gleichzeitig benutzen, gar mißbrauchen: Freiheit der Meinung, der Presse, unabhängige Justiz. Diese »alten bürgerlichen« Freiheiten können aber nicht innerhalb der jetzt existierenden oder ihnen ähnelnden sozialistischen Staaten realisiert werden – ein Einparteiensystem ist immer ein Unrechtssystem.

FJR: Sie unterscheiden sich da in Ihrem Konzept ganz wesentlich etwa von der »Praxis«-Gruppe, denn die Philosophen dieser jugoslawischen »Schule« glauben ja, innerhalb eines weiterentwickelten Marxismus mehr Liberalität erringen zu können. Sie glauben genau daran nicht, sondern Sie werfen den Marxismus über Bord und setzen dann erst die Entwicklung zum Pluralismus oder Liberalismus.

MIHAJLOV: Ich unterscheide mich durchaus von der »Praxis«-Gruppe. Es gibt aber auch eine große Entwicklung bei dieser Gruppe, eben in Richtung auf einen Pluralismus.

FJR: Man würde doch aber von keinem Sätze lesen können wie von Ihnen, etwa: Stalin war kein Zufall der Geschichte, Stalin war schon in Lenin angelegt und Lenin schon in Marx.

MIHAJLOV: Die in Belgrad denken das auch schon. Nur weiß man es kaum – ihre Zeitschrift ist seit drei Jahren verboten. Aber lassen Sie mich Ihre Aufmerksamkeit noch auf ein anderes Phänomen lenken, das viel zu wenig beachtet ist: eine neue Religiosität, eine fast emphatische Wegwendung von der Idee des historischen Determinismus. Religion – auch kirchlich ungebundene – spielt eine ganz wesentliche Rolle in Jugoslawien (wie übrigens in allen Ostblockstaaten, inklusive der Sowjetunion), auch in der Jugend. Es ist die Wiederentdeckung des Individuums, der Glaube an seine Eigenständigkeit. Das gebiert eine seltsame Mischung aus Gelassenheit und Hoffnung – ist das Individuum unzerstörbar, so ist es auch eher gefeit gegen dumme Funktionärs-Schikanen oder lächerliche Gesetze. Die feste Überzeugung vieler junger Samisdat-Autoren, daß eben nicht die Gesellschaft das Individuum prägt und trägt, sondern umgekehrt, kann Mut geben. Zu entdecken, daß die Lehre vom gesellschaftlichen Sein, das das Bewußtsein prägt, eine Lüge ist – das ist gleichbedeutend einer großen inneren Freiheit. Die historische Erfahrung, daß beispielsweise die Verfolger von gestern sehr oft die Verfolgten von heute sind – denken Sie an die Stalin-Prozesse – hat zu einer fast extremen intellektuellen wie moralischen Konsequenz geführt: Es gibt keine »unschuldigen Opfer«, Sklaverei ist kein »Unglück«, sondern verdientes Geschick, gar Sünde. Nun sperren Sie mal jemanden ein, der diese Überzeugung hat und ihr lebt, Sie kommen dem schwer bei ...

FJR: Kann man sagen, Jugoslawien unterscheidet sich dadurch von anderen Ostblockländern?

MIHAJLOV: Ja und Nein. Was die Menschenrechte anbelangt, gibt es drei wichtige Unterschiede: Jeder kann Jugoslawien verlassen, abgesehen von denen, die die Polizei nicht hinauslassen will. Es gibt relativ wenige, fünf- bis sechstausend, denen man keinen Paß gibt, während man aus der Sowjetunion vermutlich nur gerade so viele rausläßt. In Jugoslawien kann man alle möglichen ausländischen Zeitungen kaufen, mit Ausnahme allerdings all jener Presseerzeugnisse, in denen über Jugoslawien geschrieben wird. In Jugoslawien wird eine ungeheure Menge religiöser Literatur gedruckt. Man kann sie nirgendwo kaufen, aber in der Kirche bekommen. Das sind drei große Unterschiede. Aber bei den Prozessen, in der Justiz, ist es dieselbe Sache überall.

FJR: Und die Meinungsfreiheit?

MIHAJLOV: Natürlich gibt es keine Meinungsfreiheit in Jugoslawien. Wer die jugoslawische Presse liest, wird feststellen, daß die ganze Presse eigentlich nur daraus besteht, Andersdenkende daran zu hindern, ihre abweichende Meinung auf irgendeine Weise kundzutun. Milovan Djilas glaubt sogar, daß es heute mehr Meinungsfreiheit beispielsweise in Polen oder in Ungarn gibt. Freiheit der Presse gibt es nicht.

FJR: Und Sie, können Sie überhaupt publizieren?

MIHAJLOV: Ich bin sogar mit einem gerichtlichen Verbot belegt, mich publizistisch zu äußern; eine ungeheure Zahl von Leuten hat keine Möglichkeit zu veröffentlichen, was sie denken. Aber wenn man in Caféhäusern oder Gaststätten geht, dort werden Dinge erzählt, daß, wenn man das nur hört, man den Eindruck bekommt, es gäbe wirklich Meinungsfreiheit. Wahrscheinlich verurteilt man deshalb ab und zu jemanden so drastisch, um die anderen einzuschüchtern.

FJR: Erscheint Literatur, die sich kritisch mit dem Marxismus auseinandersetzt?

MIHAJLOV: Marxismus kann kritisiert werden, aber nicht von Jugoslawen, sondern nur in Übersetzungen.

FJR: Des Jesuiten Gustav Wetters berühmtes Buch über den historischen Materialismus ist also erschienen?

MIHAJLOV: Ich habe Auszüge in katholischen, in christlichen Publikationen gelesen, Auszüge und Ankündigungen, aber ob es wirklich erschienen ist, weiß ich nicht.

FJR: Gibt es zum Beispiel das, was man in Frankreich die

Nouvelle Philosophie nennt, also diese Art profunder Marxismus-Kritik?

MIHAJLOV: Nein.

FJR: Alles, was Sie über Jugoslawien gesagt haben, bedeutet letztlich, daß wir sehr irrige Vorstellungen haben, daß sich das Tito-Regime in Wahrheit nicht spezifisch unterscheidet von allen anderen totalitären Ostblockstaaten.

MIHAJLOV: Jedes einzelne System ist im Grunde stalinistisch. Es gibt nur graduelle Unterschiede. Wenn man es auf einer Skala zwischen Pluralismus und Einparteiensystem messen würde, dann steht Jugoslawien selbstverständlich dem Pluralismus näher als beispielsweise Bulgarien.

FJR: Obwohl Sie selber – beziehungsweise Djilas – gesagt haben, in Ungarn und Polen herrsche wahrscheinlich inzwischen mehr Meinungsfreiheit, also mehr Liberalität.

MIHAJLOV: Ja, das hat Djilas gesagt. Kennen Sie das neue Buch von Edward Kardelji »Der selbstverwalterische Pluralismus«? Der Grundgedanke dieses Buches ist, daß Jugoslawien gar kein Einparteiensystem sei, sondern ein pluralistisches Selbstverwaltungssystem. Das ist natürlich nicht wahr. Er behauptet im selben Zusammenhang, der Pluralismus trage zur Entfremdung bei, das halte ich für großen Unsinn.

FJR: Ich will eine andere Frage stellen: Warum gehen Sie zurück in ein Land, von dem Sie wissen, daß es dort auf absehbare Zeit keine Freiheit geben wird, wo Sie als Schriftsteller eigentlich nicht vorhanden sein können?

MIHAJLOV: Ich bin zutiefst davon überzeugt, daß sich Jugoslawien verändern wird. Zwanzig Jahre lang sind die Jugoslawen in die Welt hinausgereist, haben alles mögliche gelesen, alles mögliche in sich aufgenommen. Jugoslawien kann nur von der Sowjetunion unabhängig bleiben, wenn es sich zu dieser Freiheit bekennt.

FJR: Nach Ihrer Rückkehr aus den USA, von Ihrer ersten

Reise in den Westen überhaupt, fahren Sie zurück wie in ein großes Gefängnis; vielleicht auch in ein kleines . . .

MIHAJLOV: Seit dreizehn Jahren druckt man mich ohnehin nur im Westen. Aber all meine Freunde sind da, in Zagreb, Belgrad, überall. Ich werde von dort aus weiterschreiben, und man wird mich vermutlich weiter nur im Westen drukken. Ich habe keine Angst, daß man mich jetzt verhaften wird, ich glaube eher daran, daß man mich vielleicht nur erschrecken wird. Man übt materiellen Druck auf mich aus, beispielsweise hat man mir das Wohnungsrecht entzogen; man kann in Jugoslawien einen Menschen mit dem Entzug des Wohnrechts wie mit einer Axt erschlagen, es ist sein Ruin. Im Westen kann man das vielleicht nicht so verstehen, aber es ist so. Ich kann meine Bücher nicht unterbringen, ich glaube, sie liegen bei einem Freund auf dem Dachboden.

FJR: Man hat Sie 1966 schon einmal gefragt, ob Sie sich nicht ein bißchen wie ein Don Quichotte vorkommen, und Sie haben damals sinngemäß gesagt, man wird mir nichts tun, das glaube ich nicht. Das war eine große Täuschung . . .

MIHAJLOV: Im Grunde macht es sich gar nicht bezahlt, mich zu verurteilen. Jetzt hatte ich sieben Jahre, nach drei Jahren haben sie mich wieder entlassen, es zahlt sich politisch ganz einfach nicht aus. Mein Grundproblem ist die geistige Revolution. Das mag ein kompromittiertes Wort sein, aber mein Problem ist die geistige Entwicklung, und das ist kein politisches Problem.

FJR: Gestatten Sie mir zuletzt eine spekulative Frage: Was wird nach Titos Tod?

MIHAJLOV: Es gibt einen Witz: Ein jugoslawischer und ein rumänischer Grenzer unterhalten sich. Der Rumäne fragt den jugoslawischen Grenzer, was tut ihr denn, wenn jetzt der Tito stirbt? Da fragt der Jugoslawe: Was werdet ihr tun, wenn der Ceausescu noch länger lebt?

Dichtung ist immer Bitterkeit und Ekstase

Gespräch mit Czesław Miłosz

FJR: Sie sind bekanntlich kein besonderer Brecht-Verehrer, es gibt eher distanzierende Bemerkungen von Ihnen gegenüber der Person und dem Werk Bertolt Brechts. Trotzdem fand ich in einem Ihrer Gedichte Zeilen, die fast wörtlich an Brechts Dictum von den Zeiten erinnern, da es nahezu ein Verbrechen sei, an Bäume zu denken.

MIŁOSZ: In einem Gedicht von mir findet sich das?

FJR: Ja, es heißt »Armer Poet«, und die Zeilen lauten: »Und der Geruch dieses Baumes ist schamlos, denn dort, auf realer Erde, / Wachsen nicht solche Bäume, und der Geruch dieses Baumes / ist, als würde man leidende Menschen mißachten.« Warum ich das zitiere: Ich möchte Sie fragen, ob diese Sätze lediglich die Situation des Entstehungsjahres 1943 umreißen, oder ob sie, pars pro toto, als Ihr poetisches Konzept zu verstehen sind.

MIŁOSZ: Beides. Solche Zeilen definieren einen historischen Augenblick – und sind damit ähnlich den Arbeiten vieler polnischer Autoren, denken Sie etwa an Borowski, aber sie führen auch ein poetisches Bekenntnis vor; ich fühlte und fühle mich überwältigt von der Geschichte. Solche Sätze drücken meine moralische Teilhabe aus und meinen Zorn; Dichter sollten mit Geschichte nicht auf diese Weise konfrontiert werden.

FJR: Ein wichtiges Wort: moralische Teilhabe. Soweit ich Ihr lyrisches Œuvre kenne, ist es von ihr getragen; und von diesem Gedanken: So sollte die Welt nicht sein. Man sollte sie ändern. Sind Sie das, was man einen »engagierten Schriftsteller« nennt?

MIŁOSZ: Hm. Im Grunde bin ich strikt gegen programmatisches Engagement, besonders etwa der sogenannten »neuen Linken«. Sie sprechen zwar zu Recht von diesem moralistischen Element in meiner Lyrik – aber das ist entstanden unter Druck; es ist meiner Natur zuwider, ich fühle mich da eher gezwungen, vergewaltigt. Würde man das als meinen »Entwurf« verstehen, das wäre entsetzlich. Es gibt solche Gedichte, aber sie sind nur Zeugnis von Irrläufen der Geschichte, in die der Poet eingesperrt war.

FJR: Darf ich Ihnen noch einmal eines Ihrer Gedichte entgegenhalten? Es heißt »Vorwort« und enthält diese Zeilen: »Was ist eine Poesie, die weder Völker / noch Menschen errettet? / Eine Genossenschaft amtlicher Lügen, / ein Singsang von Säufern, denen bald jemand die Kehle durchschneiden wird, / Ein Lesestückchen aus einer Gartenlaube.« Das sind nicht nur deutliche, sondern starke, gar denunziatorische Worte, »Genossenschaft«, »Gartenlaube«. Ins Banale übersetzt steht da: Literatur, die sich nicht auf kritische Auseinandersetzung mit Zeit und Realität einläßt, ist trivial, Kitsch.

MIŁOSZ: Ich werde oft, auch von polnischen Lesern, gerade auf dieses Gedicht angesprochen. Aber ich möchte es nicht »ins Banale übersetzt« haben. Die Sache ist komplizierter. Sie müssen diese Zeilen verstehen als das Bejahen einer großen polnischen Tradition der Lyrik, die sich immer der Welt ausgesetzt hat; Poesie kann Länder und Völker erretten, erlösen. Sie dürfen es nicht mißverstehen als Vorschlag zur Lösung politischer Konflikte.

Darf ich noch etwas hinzufügen. Dieser Nobelpreis und die damit verbundene Publizität zementieren viele Irrtümer: Der Großteil meines lyrischen Œuvre ist ja gar nicht übersetzt – in keine Sprache. Jetzt werden hurtig überall, ob in Frankreich oder Deutschland, Prosabände von mir auf den Markt geworden – aber die sind gar nicht repräsentativ für den Autor Miłosz.

FJR: »Verführtes Denken« scheint mir aber sehr repräsentativ ...

MIŁOSZ: In gewisser Weise. Aber doch auch ein Nebenprodukt.

FJR: Wenn selbst dieser brisante Essay ein Nebenprodukt ist – was darf dann Hauptwerk genannt werden?

MIŁOSZ: Erstens birgt sich das ganze »Verführte Denken« auch schon in einem Gedicht. Zweitens ist mir mein in Deutschland nicht erschienener Essayband »Das Land Ulro« viel wichtiger; oder mein Aufsatz über den jung verstorbenen polnischen Philosophen Stanislaw Brzozowski, dessen Entwicklung von Nietzsche zu Marx.

FJR: Hat der Marxismus für Sie eine Rolle gespielt?

MIŁOSZ: Ich wollte darauf schon eingehen, als Sie Brecht nannten. Natürlich kann niemand in seiner Jugend am Marxismus vorübergehen. Sie kennen ja offenbar mein Buch »West- und östliches Gelände« und wissen also, daß es eher Hegel war, der Einfluß auf mich hatte. Wie mich überhaupt das 19. und auch das 18. Jahrhundert mehr interessieren – da liegen die Wurzeln für die Jetztzeit, im Positiven wie im Negativen. Meine »Weltanschauung« ist von dort geprägt.

FJR: Ist es richtig, wenn man die sehr nahe Leszek Kolakowskis Konzept sieht?

MIŁOSZ: Ja. Allerdings hätte ich nie meine Arbeitskraft an ein dreibändiges Werk »Hauptströmungen des Marxismus« verschwendet. Aber wir sind gute Freunde, stehen uns nahe.

FJR: Wenn man Kolakowskis Philosophie in seiner Absage an die Glücksmöglichkeit des Menschen zusammenfaßt, sie als eine Art Christentum ohne Hoffnung, Geschichtsentwurf ohne Utopie begreift – kann man dann die gewisse Rigorosität, Bitterkeit Ihrer Lyrik dem zur Seite stellen?

MIŁOSZ: Ja. Nur: Dichtung hält immer die Balance zwischen beidem, entsteht immer aus dem Widerspruch – Bitterkeit und Ekstase, Verzweiflung und Emphase. Diesem scheinbar unvereinbaren Gegensatz entspringt sogar der schöpferische Akt. Ich halte gerade eine Vorlesung über Dostojewski. Dostojewski der Publizist und Dostojewski der Romancier – zwei völlig verschiedene Autoren. Wohlbefinden und Endzeitgefühle: das schließt sich nicht aus.

FJR: Sie haben auch einen großen Aufsatz über Simone Weill geschrieben, die offenbar Ihre Weltsicht beeinflußte, deren Denken aber ohne Kategorien des Christlichen nicht zu verstehen ist. In Ihrem Werk finde ich keine Spuren christlicher Denkweisen.

MIŁOSZ: Wieder ein Irrtum, der nur entstehen kann, weil so viele meiner Arbeiten nicht übersetzt sind. Nicht nur mein Schreiben ist von früh an aufs Intensivste vom Alten und Neuen Testament bestimmt; auch mein Denken stand schon früh – da meine erste Fremdsprache Französisch ist – unter dem Einfluß französischer theologischer Schriftsteller wie Jacques Maritain. Polen ist ein katholisches Land, vergessen Sie das nicht.

FJR: Ich habe davon gehört. Aber ich meine etwas anderes: In allem, was ich von Ihnen gelesen habe, auch in den Romanen, ist das Individuum vereinzelt, einsam, auf sich selber zurückgeworfen – bindungslos und einzig auf die eigene Entscheidung angewiesen. Da hilft kein Gott und kein Mensch. So sagten Sie 1967 in einer Rede: »Es ist fast unmöglich, heute von einem Dichter zu reden und nicht die Verbannung zu erwähnen. Die Verbannung ist für einen Dichter von heute Schicksal, unabhängig davon, ob er in seinem Heimatland lebt oder im Ausland; fast immer ist er herausgerissen aus dem heimischen Zusammenhang der Gebräuche und Vorstellungen, die er in der Kindheit kannte. Die Verbannung an sich ist weder schlecht noch gut, die romantischen und pathetischen Gesten tragen hier nichts, sie führen zur Fälschung. Die Verbannung muß man hinnehmen, und alles hängt davon ab, welchen Nutzen man daraus zieht.« Das hört sich nicht danach an, als fühlten Sie sich von irgendeiner Gemeinschaft – »Gemeinde«? – getragen.

MIŁOSZ: Sie haben recht. Ich habe kürzlich in der Einleitung zu einem meiner Gedichtbände, den ein katholischer Verlag in Krakau herausbrachte, noch genauer darüber geschrieben: Niemand nimmt Einsamkeit freudig hin – aber zurückblickend ist man dankbar für jeden Moment der Einsamkeit; nur wer Einsamkeit und Niederlage akzeptiert – und für den Poeten ist vollständige Einsamkeit, ist Exil Niederlage –, kann die Wahrheit schreiben. Nur, wer nichts zu gewinnen und nichts zu verlieren hat, wer nichts zu »bedenken« hat, kann Wahrheit produzieren. Also zurück zu Ihrer Frage: Einsamkeit ja. Hoffnungslosigkeit nein. Sie werden es nicht glauben, aber meine Gedichte säen in der jungen Generation Polens Hoffnung. Verwechseln Sie mich bitte nicht mit Beckett – ich mag ihn nicht, habe gegen ihn geschrieben.

FJR: Verzeihen Sie, wenn ich noch einmal Miłosz kontra Miłosz ins Feld führe.

MIŁOSZ: Sie müssen sich nicht entschuldigen, ich finde Ihre Hartnäckigkeit sehr erfreulich.

FJR: Also Ihr Gedicht »Abschied«; es endet: »Mein Sohn, glaube mir, es bleibt bei nichts, / Nur die Mühe des männlichen Alters, / Die Schicksalsfurche in der Hand. / Nur die Mühe, / Sonst nichts.« Ich kann darin nicht so schrecklich viel Elan oder Hoffnung finden.

MIŁOSZ: Sie wissen, ich gehörte schon als junger Mann der Gruppe der »Katastrophisten« an – und dennoch findet sich in allem, was ich je schrieb, die Spur des Eschatologischen; da sind wir wieder bei Ihrer Frage: Denn Eschatologie heißt ja auch Glaube an Veränderung.

FJR: Nur: nicht mehr in dieser Welt. Hoffnung also als etwas Jenseitiges?

MIŁOSZ: Ich weiß nicht, vielleicht. Menschen – zu denen

ich mich zähle –, die zu derlei eschatologischen Konzepten neigen, konnten stets sehr schwer zwischen dem aktuellen Lauf der Geschichte und ihrem Mahlstrom unterscheiden; die Grenze ist hauchdünn. Wogegen ich mich entschieden sträube, ist die reinliche Trennung zwischen optimistischer Aktivität hier und pessimistischer Resignation dort. Wobei mir allerdings die optimistische Aktivität gewisser westeuropäischer Intellektueller zutiefst zuwider, ja verdächtig ist.

FJR: Sie sprechen, wenn ich da ins Konkrete ausweichen darf, vom Typ Sartre.

MIŁOSZ: Nicht vom Typ, sondern von dem Mann, dem Schriftsteller Jean-Paul Sartre. Er und Simone de Beauvoir sind für mich Symbolfiguren für die Dummheit vieler westlicher Intellektueller – verabscheuungswürdig. Ob sein Kampf gegen Camus oder anderes. Sartre war ein Dummkopf. Wenn ein Mann mit seinem Gehirn sich schon so hinreißen, ja verführen läßt – etwa zur Stalin-Zeit –, was soll man von weniger Begabten erhoffen.

FJR: Sie erwarten gewiß keine Zustimmung. Ich glaube vielmehr, daß Sartre sehr Wesentliches, sehr Ehrliches zu den Grundfragen unserer Zeit gesagt, sich ihnen ausgesetzt hat. Er war ganz gewiß kein törichter kleiner *fellowtraveller*. Sie haben doch vorhin selber das Recht, ja die Notwendigkeit des Denkens in Gegensätzen proklamiert?

MIŁOSZ: Sie mißverstehen mich – oder wollen mich nicht verstehen. Ich sprach von Gegensätzen – nicht von taktischem Zickzack. Das alles hat auch etwas Verlogenes, erinnert mich an Pablo Neruda – den ich ins Polnische übersetzt habe –, der mich nach meinem Bruch mit Warschau öffentlich schmähte und sich später, als wir uns auf einem Kongreß trafen, privat dafür entschuldigte. Unanständig und töricht. Ich halte Sartre nicht vor, daß er Irrtümer beging, sondern daß er vielleicht voller edler Motive, aber dumm war. Etwas mißlich für einen Philosophen.

FJR: Würden Sie ähnliches auch über deutsche Intellektuelle sagen?

MIŁOSZ: Tja, schwer zu beantworten. Ich bin kein guter Kenner Deutschlands. Ich spüre eine Atmosphäre, die mir nicht behagt. Ich habe Kontakte zu einigen jungen linksstehenden Deutschen, bei denen ich einen Hang zu Gewalt und Brutalität wahrnehme. Sie erinnern mich an Nazis.

FJR: Intellektuelle, Studenten oder Schriftsteller?

MIŁOSZ: Schriftsteller und Intellektuelle.

FJR: Sie möchten dieses krasse Verdikt nicht durch das Nennen von ein paar Namen erhärten?

MIŁOSZ: Nein.

FJR: Da wir schon dabei sind, Europa von Berkeley aus zu verurteilen – sehen Sie eine Chance, je wieder nach Polen zurückzukehren?

MIŁOSZ: Eine Frage, die ich bisher vermieden habe, mir selber zu stellen.

FJR: Nun stellt sie ein Fremder. Was wären die Voraussetzungen für eine Rückkehr? Glauben Sie an eine Umwälzung in Polen, die Ihnen das Leben dort ermöglichte?

MIŁOSZ: Nein. Vielleicht wird es Veränderungen geben, aber gewiß keine so grundsätzlichen. Hinzu kommen zwei sehr persönliche Gründe: Meine Frau ist seit Jahren sehr krank; und ich lebe gern in Amerika, das mir bis hin zu der an meine Heimat Litauen erinnernden Landschaft Heimat geworden ist.

FJR: Aber Sie sind doch ein durch und durch europäischer Intellektueller . . .

MIŁOSZ: O ja, und wie.

FJR: Wenn ich da zum Beispiel an die deutschen Emigranten und ihr Warten auf die Rückkehr, ihr Verloren-sein gerade unter dem ewig blauen kalifornischen Himmel denke – wo haben Sie hier intellektuellen Dialog?

MIŁOSZ: Habe ich nicht, brauche ich nicht. Ich erinnere

mich, wie St. John Perse mir einmal, als er lange in Washington lebte, auf meine Frage, ob das für ihn nicht wie ein Exil sei, antwortete: Ja, aber ein glückliches; denn für einen Poeten ist die abstrakteste, fremdeste Umgebung die beste. So funktioniert das auch bei mir.

FJR: Obwohl Sie noch immer polnisch schreiben?

MIŁOSZ: Ja. Alles. Im Moment übersetze ich die Bibel – Teile wie »Das Buch Jeremia«, »Das Hohelied«, »Die Weisheit Salomos« sind fertig.

FJR: Eine Arbeit, die man schließlich auch in Polen leisten könnte. Sie sind jetzt – über Nacht – weltberühmt, wohlhabend, unabhängig, auf die Professur nicht mehr angewiesen. Hat das gar nichts verändert an Ihrem Leben, das ja auch aus äußeren Gründen an Berkeley gebunden war? Oder ist Ihre Irritation über den Nobelpreis – Sie sprachen davon, als wir telephonierten – so groß, daß Sie daran dachten, ihn eventuell wie Sartre abzulehnen?

MIŁOSZ: Nein. Ich fand das eine indezente, unbescheidene Geste. Wissen Sie, als der erste Journalist mich sofort in der Nacht anrief, als die Preisverleihung bekanntgegeben wurde, und, typisch amerikanisch, fragte: »Wie fühlen Sie sich?«, da sagte ich: »Nachdenklich«. Er war entsetzt, und meine Antwort wurde natürlich nicht gedruckt – ein Nobelpreisträger muß natürlich erhabene, erhobene Gefühle haben. Wieso kann er nachdenklich sein? Aber alles, was der ganze Wirbel in mir ausgelöst hat, ist: in mich hineinhorchen.

Vom Versagen der Linken

Gespräch mit Karl August Wittfogel

FJR: Ist es richtig oder falsch, wenn man Sie einen marxistischen Antikommunisten nennt?

WITTFOGEL: In dieser Kurzform ist die Frage schwer zu beantworten. Ich bin kein Marxist mehr, aber seit meiner Loslösung vom Kommunismus/Marxismus habe ich mich einem neuen Studium von Marx ergeben; das Ergebnis ist eine sehr positive Auffassung der wissenschaftlichen Leistung von Marx. Ich bin kein Marxist mehr, aber ich versuche, im Marxismus eine neue Dimension zu bestimmen.

FJR: Das ist gleich ein sehr theoretischer Anfang. Ihre berufliche, intellektuelle Karriere hat ja mit artistischen Dingen begonnen, vor allem erstmal mit mehreren Theaterstükken. Waren diese Stücke von Ihnen nur als politische oder auch als künstlerische Äußerungen gemeint?

WITTFOGEL: Die Stücke, die der Malik-Verlag veröffentlichte, hatten alle eine politische Orientierung. Meine frühen Stücke, ein expressionistisches eingeschlossen, die nicht gedruckt wurden, waren nicht politisch; sie hatten ein rebellisches und trotziges Element, aber sie waren nicht politisch in dem Sinne meiner späteren veröffentlichten Stücke.

FJR: Aber die Dramatik Ihrer Zeit, eigentlich vor Brecht, muß man ja datieren, also etwa 1921 bis 1924 zu Teilen von Piscator realisiert, war von Ihnen durchaus als Politikum mehr denn als schöngeistiges Schreiben gemeint?

WITTFOGEL: Ja. Als Politikum, aber im künstlerischen Raum und mit Inanspruchnahme künstlerischer Mittel.

FJR: Fällt in dieselbe Zeit Ihre Beschäftigung mit Problemen der ästhetischen Theorie?

WITTFOGEL: Das griff ineinander über. Ich habe zu meinen Stücken meist Vorworte geschrieben, nicht, weil Shaw das so machte, sondern weil ich oft noch etwas zu sagen hatte, das über das Literarische hinausging; in diesem Sinne ist meine kunsttheoretische Arbeit parallel mit der dramatischen vor sich gegangen. Es war wohl die Zeit, als ich, ich glaube Anfang 1925, über Brecht sagte, er sei der Ideologe des Lumpenproletariats.

FJR: Über seine Gedichte?

WITTFOGEL: Das schloß auch »Trommeln in der Nacht« ein und die Gedichte.

FJR: Das war in der *Roten Fahne*.

WITTFOGEL: Das war in der *Roten Fahne*, ja. Als ich eine Zeitlang an der *Roten Fahne* Feuilleton-Redakteur war. Aus dieser Arbeit, sehr oft der eines Theaterkritikers, entwickelte sich meine Beschäftigung mit grundsätzlichen Fragen der Kunsttheorie, schließlich mit Hegel – den ich, um mit Marx zu reden, auf die Füße stellen wollte, wenigstens auf dem Gebiet der Ästhetik. So entstanden meine Aufsätze für die *Linkskurve*, auf die Ihre Frage wohl zielt.

FJR: Ist es richtig, daß in dieser Phase bereits ein Einfluß durch Georg Lukács vorhanden war? Lukács hat doch eine wesentliche Rolle – und sei es als Widerpartner – in Ihrer kunsttheoretischen Arbeit gespielt?

WITTFOGEL: Ja, aber nicht vor dem Ende der zwanziger Jahre. Lukács war mir natürlich Anfang der zwanziger Jahre weit voraus als marxistischer Theoretiker. Ich war damals marxistisch eigentlich noch ein großes Kind. Ich war daher etwas erstaunt, als er eine Besprechung meines kleinen Buches »Die Wissenschaft der bürgerlichen Gesellschaft« veröffentlichte und ich mich auf diese Weise als bereits kritisch ernstgenommen sah. Damals war ich durchaus ein Lernender. Später, 1926, sah ich Lukács in Wien wieder, ich hielt dort Vorträge vor den kommunistischen Studenten über China usw. Aber als ich die Ästhetik-Artikel für die *Linkskurve* (und einige für Münzenbergs *Roten Aufbau*) schrieb, da war Lukács nicht in Berlin und arbeitete nicht mit uns, den proletarischen Schriftstellern. Er kam erst später aus Moskau zurück.

FJR: Die kunsttheoretische Position von Lukács ist doch eigentlich eine kunstreaktionäre. Im Grunde genommen ein geschlossenes System, sich wehrend gegen Experimente, gegen bestimmte literarische wie künstlerische Formen (Brecht, Döblin). Wenn Lukács tatsächlich Ihren vorausgegangenen Arbeiten theoretisch nahe war, dann heißt das, daß auch Sie ästhetisch-reaktionär argumentiert haben.

WITTFOGEL: Das folgt daraus nicht. In der Beurteilung der Kunst folgte ich Hegel und dem Fluß des Lebens, nicht Kant, der das künstlerische Schaffen abstrakt von der Realität des Lebens fernhielt (Lukács' Ausgangspunkt war neukantianisch; und sein fortgesetzter Subjektivismus zeigt, daß diese Einstellung seiner geistigen Persönlichkeit entsprach). In meinen theoretischen Äußerungen betonte ich die schöpferische Bedeutung des Experiments; und in meiner bescheidenen Kunstpraxis versuchte ich, neue Formen zu finden. Ich erinnere mich noch an einen Disput mit Piscator, das war 1929 nach einem Vortrag von mir, in dem ich zur Entwicklung von »Guerilla-Formen« aufforderte, vom Telephoneinakter bis zum Puppentheater. Sie haben doch Mehring herausgegeben – Sie kennen also meinen Widerspruch auch gegen ihn, meinen Versuch (nachzulesen etwa im neuen Nachwort zu meinen »Beiträgen zur marxistischen Ästhetik«) einer *revolutionären* Anwendung von Hegel.

FJR: Was heißt das auf deutsch?

WITTFOGEL: Es ist der Versuch, Hegels schöpferische Methode, nicht seinen Kanon, zu verwenden, seine Denkweise in diesem Sinne für die Kunst der Vergangenheit wie die der Gegenwart fruchtbar zu machen. Moravia findet, daß Kunst »antisozial oder asozial« ist. Wie steht es mit der Theorie der Kunst und der Theorie der Bedingungen, unter denen Kunst, oder eine bestimmte Art der Kunst, möglich ist? Wie ich im Nachwort zu den *ästhetischen Beiträgen* bemerkte, hat Hegel über die Möglichkeit (und Unmöglichkeit) der wirklich freien Lyrik und zur echten Tragödie in verschiedenen Gesellschaftsordnungen wichtiges gesagt. Unter welchen Umständen war die Schilderung des Liebeslebens von Odysseus' Frau möglich? Unter welchen ist es wesentlich, Lehren aus der Darstellung der Belagerung von Troja für das Einzelleben zu ziehen? In diesem Sinne interessiert mich »Troja«.

FJR: Das verrät ein Konzept. Sie sind, wie mir scheint, nicht ein Mann der schönen Künste. Was Sie eben gesagt haben, heißt im Klartext doch wohl, daß Ihnen die politische Theorie wichtiger und interessanter war und ist.

WITTFOGEL: Bitte nicht interessant, interessant ist ein zu schwaches Wort. Und bitte nicht »politische« Theorie. Es handelt sich um die Theorie der Gesellschaft und Geschichte im Vergleich zur Theorie der Kunst. Unter bestimmten Umständen und bis zu einem Punkte liefert die Theorie der Gesellschaft den Schlüssel zum Verständnis der Entwicklung der Kunst. Unter diesen Umständen ist sie »wichtiger«, um Ihre Formulierung zu wiederholen, die Marx bereits im Jahre 1857 in einem ähnlichen Zusammenhang anwandte.

FJR: Nun frage ich, wie und wann sind Sie überhaupt zum Marxismus – damals ja noch gleichbedeutend mit Kommunismus – gekommen? Wann sind Sie in die KP eingetreten?

WITTFOGEL: Es ist *nicht* gleichbedeutend ...

FJR: Damals doch ...

WITTFOGEL: Nicht damals, als ich Marxist und Sozialist wurde. Ende des Ersten Weltkrieges trat ich (wie Brecht, wie Korsch, wie Marcuse, wie Tucholsky) der Unabhängigen Sozialdemokratischen Partei bei. Ich war keineswegs automatisch Kommunist, weil ich Marxismus und Kommunismus erst zu entdecken begann. Als ich 1920 auf einer Arbeitervolkshochschule Wirtschaft und Soziologie unterrichtete, abends auch moderne Literatur darbot, da begann eine Entwicklung vom Pazifismus (der ja die USPD prägte) zum theoretischen Sozialismus. Erst nach der Spaltung der USPD – im Herbst 1920 – schloß ich mich, gemeinsam mit Karl Korsch, der KPD an. Schon begann meine Skepsis gegen gewisse »letzte Wahrheiten«, schon damals begann ich, häretisch zu denken. Ich betonte Korsch gegenüber, daß es im Denken von Marx Fehler gibt wie im Handeln von Lenin.

FJR: Sie waren also gleichzeitig skeptischer und orthodox linientreuer Kommunist?

WITTFOGEL: Das paßt beides zum Teil. Ein Freund von mir sagte: »Karl August, wenn die Partei-›Bonzen‹ hören würden, was du in manchen deiner Vorträge sagst, denen würden die Haare zu Berge stehen ...«. Ich wollte einerseits nicht die Sünde gegen die Wissenschaft begehen. (Ich hatte eine tiefe Beziehung zur Wahrheit.) Aber ich wollte es andererseits nicht zum Konflikt kommen lassen. (Die Sowjetunion war mir damals die größte sozialistische Errungenschaft. Ich glaubte damals – in den zwanziger Jahren – daß, wenn man sie aufgeben würde, man gegen seine höchsten Werte verstoße.)

FJR: Wie sind Sie innerhalb dieser Entwicklung zu dem Spezialgebiet der asiatischen Problematik gekommen? Wann hat das angefangen und wodurch eigentlich?

WITTFOGEL: Vormarxistisch. Es kam aus meinem Interesse an großen Zusammenhängen, an Weltgeschichte und in den Anfängen noch Kultur-, auch Religionsgeschichte. Von 1917 an habe ich angefangen, Vorträge über Weltreligion mit starker Betonung auf die asiatische Entwicklung zu halten. 1919 hielt ich sechs Vorträge über die Kultur Chinas.

FJR: Aber Sie sind eigentlich kein klassischer Sinologe?

WITTFOGEL: Nein. Ich habe später natürlich auch Sinologie studiert, an mehreren Universitäten. Aber mein Interesse waren nicht Sprachen und Literatur. Ich fing an mit der Landwirtschaft und den Bauern. Das war mir wesentlich.

FJR: Herr Wittfogel, ich bin kein Fernsehjournalist, will also nicht in einer Minute zwanzig Sekunden »alles über den Existentialismus« wissen; aber sind Sie imstande, in einer präzisen Kurzfassung zu sagen, wo eigentlich der Sprengsatz Ihres Modells liegt, das sich mit dem Titel Ihres Hauptwerks »Orientalische Despotie« nennt? Was ist das, was die orthodoxen Kommunisten heute und schon damals so erbost hat an Ihrer Theorie?

WITTFOGEL: Nicht erbost. Es geschah da eine doppelte Spaltung. Am Anfang hatte ich keine Schwierigkeiten. Als ich in meinem Buch »Geschichte der bürgerlichen Gesellschaft« (1924) andeutete, daß »Asien« eine andere Entwicklungsgeschichte hatte, da wurde ich nicht aus theoretischen Gründen angegriffen – die Probleme der asiatischen Gesellschaft waren damals noch nicht klar in Moskau –, sondern weil ich ein Freund von Lukács und Korsch war. Als ich dann im Herbst 1928 nach Moskau kam, wurde mir der Bruch klar. Was ich über China vortrug, fand den Beifall wirklicher Gelehrter. (Rjazanow sagte mir: »Oh, Genosse Wittfogel, da ist ja noch viel, viel mehr über Asien in den unveröffentlichten Marx-Manuskripten.«) Aber die Politiker und die Generale, die in China in der Einheitsfront gewesen waren, schlichen sich weg, als ich gesprochen hatte. Ich dachte, sie verstünden das China-Problem nicht, aber sie verstanden es auf Ihre Art sehr gut ...

FJR: Moment! Sie verstanden nämlich *was?* Ist der Stein des Anstoßes Ihr Nachweis, daß es in einer staatlich strukturierten Wirtschafts- und Agrarform eine neue Klasse gibt, die man Funktionäre nennen könnte oder Bürokratie?

WITTFOGEL: Bürokratie als herrschende Klasse, ja. Aber

diese Einsicht kam mir uneben und in mancher Beziehung in Sprüngen. Meine Beweisführung, daß die asiatische Gesellschaft nicht mit der herkömmlichen marxistischen Elle des Klassenstaates gemessen werden könne, war anfangs naiv und fand anfangs sogar in der *Prawda* Lob. Erst als Stalin mehr und mehr Macht häufte, wurde der Sprengsatz meiner These, Asien – China – sei ein Arbeiter- und *Beamten*staat, erkannt. Beamte, Beamte! Nicht Kapitalinhaber, als herrschende Klasse! Sie verstehen ...

FJR: Sie selber, nicht nur Ihre Kritiker, haben also sehr früh eine Verkümmerung des Sozialismus, eine Verkrustung, kurz: die Stalinisierung gesehen. Wieso haben Sie keine Konsequenzen daraus gezogen?

WITTFOGEL: Nein, nein, nein – nicht früh! Die Entwicklung in Rußland habe ich nicht früh erkannt, sondern langsam.

FJR: Wann?

WITTFOGEL: Oh, unglaublich spät. Trotz zunehmender Kritik im Einzelnen, die ich mit vertrauenswürdigen Genossen besprach, habe ich lange den russischen Genossen und Exgenossen getraut, daß sie es im Ganzen richtig machen würden. Ich wollte mir nicht zugeben, daß es solche Brutalitäten und die Lager, wie ich sie bei den Nazis erlebt hatte, in dem Lande gäbe, das ich für sozialistisch hielt. Selbst als ich mit dem Kommunismus brach – nicht zu sprechen von den zwanziger Jahren, als ich »Wirtschaft und Gesellschaft« schrieb –, habe ich das weltgeschichtliche Prinzip nicht erkannt. Erst 1947/48, als ich entdeckte, was Marx und Engels, vor allem Marx, über Rußland sagten, und dann, was Lenin darüber sagte, da riß etwas entzwei. Sehr spät. Ich bin natürlich nicht stolz auf meine Langsamkeit. Das einzige, was ich »zu meinen Gunsten« sagen kann, ist: Bei mir hat es sehr lange gedauert. Bei den anderen ist es gar nicht gekommen.

FJR: Warum vorher der Bruch mit dem Kommunismus?

Der Erkenntnisvorgang dauerte ja, wie Sie eben selber sagten, bis nach Ende des Zweiten Weltkrieges.

WITTFOGEL: Ja. Es war eine langsame Aufweichung. Sie setzt sich aus vielen Elementen zusammen. Nehmen Sie etwa die Kollektivierung. Die habe ich in ihrer Schrecklichkeit nicht völlig verstanden. Zum Teil, nicht völlig. Dann sah ich, daß neunzig Prozent der alten Kommunisten abgeschlachtet wurden, von denen mir viele sehr nahe standen. Und schließlich hatte ich aus der Nähe gesehen, daß Moskau, daß Stalin mit mir irrsinnig erscheinender Deutschlandpolitik den Hitler zur Macht brachte.

FJR: Das war aber vorher, schon vor 1933!

WITTFOGEL: 1931 bis 1933. Zu meinem KZ-Buch »Staatliches Konzentrationslager VII«, das jetzt in Deutschland wieder erscheint, sagte damals eine Freundin: »Dein Held ist ein Kommunist, aber du sagst ja nichts über den Kampf der Kommunisten gegen Hitler.« Darauf antwortete ich: »Nein, denn da war nichts, du weißt das doch. Es gab wunderbare einzelne Gestalten und die habe ich beschrieben (und denen ist zum Teil auch meine Neuauflage gewidmet), aber ein Kampf der Bewegung (der KPD und der Kommunisten) war nicht da.« Es ist schwer begreifbar zu machen, aber die einzelnen Kommunisten sahen etwas, das man nicht akzeptieren und in Konsequenz umwandeln wollte. Lukács sagte mir im Januar 1931, er würde »lieber Dreck fressen, als sich von der Bewegung losreißen lassen«. Auch für mich war der Dreck damals noch sozialistischer Dreck. Im Nazi-KZ war das schlimmste, was ich erlitten habe, nicht die Prügel oder, daß Leute lebendig eingegraben wurden – sondern der Gedanke: All das, was da vor sich geht, wofür wir da leiden, ist eine Farce, denn die Führer unserer Bewegung wollten Hitler nicht bekämpfen, wollten ihn zur Macht bringen. Darum hat sich der Brecht 1943 so aufgeregt, als ich ihn an Moskaus wirkliche Hitlerpolitik erinnerte. Radek, der höchste Ratgeber Stalins, hat mir selber 1932 gesagt: »Die deutschen Arbeiter müssen eben auf zwei Jahre die Nazis auf sich nehmen.« Da entstanden für mich politisch fast unerträgliche innere Zweifel. Aber als Sozialist hatte ich nichts anderes. Wohin? Mein Bruch war ein unfertiger Bruch. Er war nicht bis zu Ende durchdacht.

FJR: Sie müssen mir, als jemandem, der ein paar Jahre jünger ist – und es gibt inzwischen eine ganze Menge Leute in Deutschland, die jünger sind – nochmals die Frage gestatten, die ja immer wieder in solchen Gesprächen – etwa mit Ernst Bloch – auftaucht: Wie kann ein solcher Erkenntnisprozeß so lange dauern? Was in der Sowjetunion geschah, wußte man doch. Koestler, zum Beispiel . . .

WITTFOGEL: Der hat zuerst auch nichts gesagt.

FJR: Zuerst nicht, aber früher als alle anderen. Er hat sich auch früher losgesagt.

WITTFOGEL: Ja, aber Koestlers Gebiet war Europa, mein Gebiet war China. Auf meinem Gebiet hat man mich länger geduldet . . .

FJR: Aber, Herr Wittfogel, man liest ja trotzdem Nachrichten, auch wenn man von mir aus über Buddhismus arbeitet; das sind doch zwei verschiedene Dinge. Was in der Sowjetunion geschah, wußte man. Ich wehre mich dagegen, gegen diese Prozeßtheorie, ob sie nun von Ihnen oder von wem immer vorgetragen wird. Sie läuft nämlich sehr leicht parallel zu der bekannten Argumentation: »Wir haben auch in der Nazi-Zeit nichts gewußt.« Da heißt es ja auch, »mein Gott, ich hab' doch Briefmarken gesammelt«, oder »ich war Spezialist für ägyptische Skulpturen – ich wußte nichts von Auschwitz«. Verstehen Sie: denselben Vorwurf muß sich doch Ihre Generation auch in punkto KP-Mitgliedschaft machen lassen.

WITTFOGEL: Bitte sehr, wollen wir das bitte teilen. Das zweite nehme ich an, aber mit tieferer Begründung, das erste ist nicht mein Fall. Wenn Sie so etwas sagen, dann müssen Sie auch sagen, daß, als ich Kommunist wurde (1920), die russische Eisenbahnen stillstanden, daß nur fünf Prozent der Fabriken in Betrieb waren. Die Bolschewisten hatten damals fast keine Macht und keine Erfahrung. Man hatte das ja nie probiert. Das war ein großer Traum. Jahrelang glaubte ich, der Traum wird sich durchsetzen. Ich war nie Trotzkist, aber ich stimmte eine Zeitlang überein mit der berühmten Formel, daß Sowjetrußland eine heruntergekommene Arbeiter- und Bauerngesellschaft sei. Der Durchbruch kam erst im Herbst 1947. Es ist eine komplizierte Begründung, warum es so lange gedauert hat, aber selten hat eine Sache nur einen Grund.

FJR: Wie würden Sie diesen ganzen langwierigen Prozeß in die Geschichte von Horkheimers/Adornos Frankfurter Institut einbringen – in deren vorhandenen oder nicht vorhandenen Faschismus-Begriff?

WITTFOGEL: Die Geschichte des Frankfurter Instituts ist langwierig; und meine Beziehung zu ihm ist es auch. Unter Horkheimer wandte es sich von der sozial-ökonomischen Orientierung ab und zur Sozialphilosophie, Sozialpsychologie und Kultursoziologie hin. Die Behandlung dieser Komplexe war subtil und bemerkenswert; aber ihre Wirklichkeit war nicht die meine. Man ließ mich auf meine Art gewähren. Aber obgleich die Institutsführer sehr um mich bemüht waren, als ich 1933 in mehreren Gefängnissen und Konzentrationslagern war, begannen sie erst in Amerika, den Faschismus in ihre Forschung einzufügen. Später zogen sie sich von mir zurück; und noch später entdeckten sie (Adorno und Horkheimer) mich wieder ... Aber ich bin abgeschweift – Sie wollten eigentlich auf etwas anderes hinaus?

FJR: Eher zurück. Wie nämlich aus einem Prozeß der wachsenden Kritik an Marxismus und Kommunismus ein militanter Anti-Kommunist namens Wittfogel erwachsen ist.

WITTFOGEL: Das ist ein politisches Schlagwort. Es erinnert an solche Parolen wie »kalter Krieger«, die mehr Verwirrung als Klärung bringen. Ich will versuchen, Ihre Frage jetzt, am Ende dieses Interviews, kurz zu beantworten. Es handelt sich um ein Riesenproblem: Ist Kommunismus (oder Sozialismus) wirklich möglich als ein ökonomisch und politisch zentralisierter Machtapparat? Seit ich die Unmöglichkeit sah, bekämpfte ich diese Einstellung, die unter der Flagge des Sozialismus oder Kommunismus das förderte, was Marx »die allgemeine Sklaverei« nannte. Man mag meine Bekämpfung der allgemeinen Sklaverei als »Anti-Kommunismus« bezeichnen. Aber ich denke, daß zur Beantwortung dieser Frage der Lumpenkommunismus nicht gut genug ist.

FJR: Eine letzte Frage. Eine Frage, die Sie wahrscheinlich explodieren läßt. Gefragt werden muß: Würden Sie wieder hingehen und vor irgendeinem McCarthy-Ausschuß aussagen.

WITTFOGEL: Nein, nein, nein.

FJR: Mehr will ich gar nicht wissen.

WITTFOGEL: Doch, ich will noch etwas dazu sagen. Ich explodiere gar nicht. Ich bin sogar ausgesprochen dankbar dafür. Ich bedaure nur, daß am Ende eines langen Interviews so wenig Zeit bleibt zur Besprechung einer Frage, die Grundprobleme der modernen Demokratie aufwirft. Sie wissen, daß ich nie vor einem McCarthy-Ausschuß ausgesagt habe und daß ich in Senator McChartys Gegenwart »Hexenverfolgung« *(witch-hunting)* verurteilt habe. Sie wissen auch, daß ich nicht einmal in den öffentlichen *Hearings* des Senators McCarran erscheinen wollte, obgleich dies Komitee nach der Meinung unabhängiger liberaler und sozialistischer Beobachter seine Tätigkeit sehr gewissenhaft handhabte. Ich fügte mich der amtlichen »Vorladung« *(subpoena)* des McCarran-Komitees nicht, weil ich anderenfalls zu einer Gefängnisstrafe von einem Jahr hätte verurteilt werden können, sondern weil nach den von diesem Komitee entdeckten Dokumenten die kommunistische Durchdringung gewisser amerikanischer Regierungsorgane eine ungeahnte Dimension angenommen hatte. Wie ernst sollte man diese Bedrohung nehmen? Darüber konnte offenbar die Möglichkeit einer Gefängnisstrafe nicht entscheiden. Meinen Freunden gegenüber, die mein Verhalten 1951 mit der *subpoena* zu erklären suchten, antwortete ich in leidenschaftlich geführten Aussprachen, daß in dieser Beziehung es besser gewesen wäre, wenn ich durch Aussageverweigerung ein Jahr Gefängnis auf mich geladen hätte. Gefängnis erschreckte mich nicht. Was mich erschreckte, war die Dimension der amerikanischen Naivität und die Dimension, die die kommunistische Durchdringung unter diesen Umständen hatte annehmen können. Ich fühlte, daß man diese Demokratie trotz all ihrer Mängel und brutalen Züge mit allen zu Gebote stehenden legitimen Mitteln verteidigen müsse. Wie schwer diese Entscheidung sein kann, weiß ein jeder, der die Unvollkommenheit und Verwundbarkeit der modernen Demokratie kennt. Ich habe in diesem Zusammenhang an Churchill gedacht, der die Demokratie die schlechteste aller Regierungsformen nannte – außer allen anderen.

Quellennachweis für das Gespräch

mit Wolf Biermann, Günter Kunert, »Wenn ich so dächte wie Kunert, möchte ich lieber tot sein« (ZEIT Nr. 47, 14. 11. 1980)

mit Efim Etkind, »Solschenizyn will einen Ajatollah« (ZEIT Nr. 40, 28. 9. 1979)

mit Max Frisch, »Ich singe aus Angst – das Unsagbare« (ZEIT Nr. 17, 17. 4. 1981)

mit Roger Garaudy, »Ich möchte ein Don Quixote sein« (ZEIT Nr. 26, 20. 6. 1980)

mit Günter Grass, »Kritik ist ein Zeichen von Loyalität« (ZEIT Nr. 18, 25. 4. 1980)

mit Ephraim Kishon, »Humor und Satire en gros« (ZEIT Nr. 32, 1. 8. 1980)

mit Bruno Kreisky, »Die Quadratur des Kreisky« (ZEIT Nr. 29, 10. 7. 1981)

mit Siegfried Lenz, Günter Grass, Helmut Schmidt, »Der Kanzler ist kein Volkserzieher« (ZEIT Nr. 35, 22. 8. 1980)

mit Mihajlo Mihajlov, »Ferienland mit Einzelhaft« (ZEIT Nr. 28, 7. 7. 1978)

mit Czesław Miłosz, »Dichtung ist im Bitterkeit und Ekstase« (ZEIT Nr. 51, 12. 12. 1980)

mit Karl August Wittfogel, »Vom Versagen der Linken« (ZEIT NR. 10, 2. 3. 1979)

Über die Autoren

WOLF BIERMANN, geboren 1936 in Hamburg, von wo er 1953 nach Ostberlin übersiedelte. Biermann versuchte, nach einer ersten Hospitantenzeit an Brechts Berliner Ensemble ein eigenes Kabarett-Theater zu eröffnen und bekam schon damals Schwierigkeiten mit der SED-Kulturbürokratie, die ihm schließlich Auftritte als Chansonsänger und die Publikation seiner Gedichte untersagte. Nach einem Auftritt im WDR-Fernsehen im November 1976 bürgerte die DDR ihn aus. Seitdem lebt Biermann, von dessen Arbeiten der Verlag Kiepenheuer & Witsch eine Gesamtausgabe vorlegt und dessen Schallplatten große Erfolge wurden, in Hamburg.

EFIM ETKIND, Jahrgang 1918, war bis zu seiner Ausreise 1974 Professor für Weltliteratur an der Universität Leningrad. Übersetzer von Brecht und Heinrich Mann, Sartre und Arthur Miller, war er als viersprachiger Literaturwissenschaftler einer der führenden Intellektuellen der Sowjetunion. Die Verhöre und Drangsalierungen, denen er auch deswegen ausgesetzt war, weil er die Manuskripte seines Freundes Solschenizyn in seiner Wohnung versteckt hatte, schilderte Etkind in seinem Buch »Unblutige Hinrichtung«. Seit 1974 lebt der russische Gelehrte, den man in Emigrantenkreisen den »intellektuellen Solschenizyn« nennt, als Professor an der Sorbonne in Paris. 1981 gab er im Piper-Verlag die Anthologie »Russische Lyrik« heraus.

MAX FRISCH, geboren 1911 in Zürich, gab nach Kriegsende den Beruf des Architekten auf und wurde mit seinen Stücken »Biedermann und die Brandstifter« und »Andorra« rasch einer der erfolgreichsten deutschsprachigen Dramatiker der Nachkriegszeit. Seine Tagebücher, in denen er vor allen Dingen die Begegnungen mit Bertolt Brecht festhält, und später seine Romane »Stiller«, »Homo faber«, »Mein Name sei Gantenbein« und »Montauk« machten ihn weit über die Grenzen der Schweiz und Deutschlands zu einem der meistgelesenen Gegenwartsschriftsteller.

ROGER GARAUDY, geboren 1913 in Marseille, war jahrelang Cheftheoretiker der französischen KP und bemühte sich schon früh um einen Dialog mit der katholischen Kirche. Seine theoretischen und literarischen Studien, u.a. »Für einen Realismus ohne Ufer«, in denen er Autoren wie Proust oder Kafka gegen stalinistische Interpretationen verteidigte, führten zum Bruch mit der Partei, deren Politbüro er gemeinsam mit seinem Freund Louis Aragon angehörte und aus der er 1970 ausgeschlossen wurde. Nach verschiedenen Studien, mit denen er einen liberalisierten Marxismus zu formulieren versuchte, wurde sein Buch »Aufruf an die Lebenden« – eine Art Bibel der französischen Grünen – zu einem Sensationserfolg in Paris. Seine Absicht, sich als Präsidentschaftskandidat gegen Giscard d'Estaing und Mitterrand aufstellen zu lassen, hat Garaudy nicht verwirklicht.

GÜNTER GRASS, 1927 in Danzig als Kind deutsch-polnischer Eltern geboren, wurde nach einer Steinmetzlehre 1946–1949 und einer Zeit als Schüler des Bildhauers Paul Hartung 1952 mit dem Roman »Die Blechtrommel« einer der wichtigsten deutschen Nachkriegsschriftsteller. Als Teil der »Danziger Trilogie« ließ er diesem Buch die Prosabände »Katz und Maus« und »Hundejahre« folgen, publizierte zahlreiche lyrische und dramatische Arbeiten und als vorläufig letztes großes Buch den Roman »Der Butt«, dem die beiden kurzen Prosaarbeiten »Das Treffen in Telgte« und »Kopfgeburten« folgten.

EPHRAIM KISHON, geboren 1924 in Budapest, lebt seit 1949 in Israel und gilt nicht nur als der bekannteste israelische Schriftsteller, sondern ist mit einer Gesamtauflage von über 15 Millionen einer der meistgelesenen Autoren der Welt. Seine Satiren und gelegentlichen politischen Artikel und Reportagen finden in der israelischen Öffentlichkeit oft vehementen Widerspruch.

BRUNO KREISKY, geboren 1911 in Wien, schloß sich schon früh der sozialistischen Jugendbewegung an und wurde 1935 als einer der prominentesten sozialistischen Politiker in Österreich verhaftet. Nach dreijähriger Haft emigrierte Kreisky nach Schweden, kehrte 1945 nach Österreich zurück, wo er anfangs im diplomatischen Dienst, dann als Staatssekretär im Bundeskanzleramt und später als Außenminister am Wiederaufbau des Landes und vor allem an den Neutralitätsbestrebungen und den Verträgen mit der Sowjetunion aktiven Anteil nahm. Österreichischer Bundeskanzler seit 1970.

GÜNTER KUNERT, geboren 1929 in Berlin, galt bis zu seiner Übersiedlung im Jahr 1979 nach Westdeutschland als einer der führenden DDR-Schriftsteller. Er wurde kurz nach dem Krieg von Johannes R. Becher entdeckt und gefördert, sah sich selber in seinen frühen Arbeiten eher als Brecht-Schüler, und bekam bald durch Filme, Hörspiele und Gedichte Differenzen mit der SED-Parteibürokratie. In den letzten Jahren formuliert Kunert in lyrischen, essayistischen und auch Prosaarbeiten seine These vom »Ende der Aufklärung«.

SIEGFRIED LENZ, geboren 1926 in Lyck/Ostpreußen, machte 1955 mit seinem Prosaband »So zärtlich war Suleyken« auf sich aufmerksam. Lenz war fast von Beginn an ständiger Gast der Gruppe 47. In den ersten Nachkriegsjahren arbeitete er als Rundfunksprecher und Redakteur einer Hamburger Tageszeitung. Mit seinen Romanen »Deutschstunde« und »Heimatmuseum« wurde er einer der erfolgreichsten und meistübersetzten deutschen Gegenwartsschriftsteller.

MIHAJLO MIHAJLOV, geboren 1934 in Jugoslawien, gilt als einer der herausragenden Sprecher der jugoslawischen Dissidentenbewegung. Nach der Publikation seines Erlebnisberichtes über eine Studienreise in die Sowjetunion (»Moskauer Sommer 1964«) wurde er 1965 nach einer Intervention der sowjetischen Botschaft bei Tito verhaftet. Im Prozeß dienten 24 Zeilen aus dem »Moskauer Sommer«, in denen davon die Rede ist, sowjetische Konzentrationslager seien vor den deutschen entstanden, als Urteilsbegründung; das Urteil fiel allerdings, offenbar unter dem Eindruck öffentlicher Proteste, milde aus; fünf Monate Haft auf Bewährung. Mihajlovs Versuch, eine eigene, unabhängige Zeitschrift zu gründen, wurde mit erneuter Verhaftung und Verurteilung zu einem Jahr Gefängnis geahndet. Wegen »staatsgefährdender Veröffentlichungen« in der westlichen Presse wurde er 1974 erneut verhaftet und 1975 zu sieben Jahren Kerker verurteilt. Erbarmungslose Haftbedingungen ließen ihn mehrmals in Hungerstreik treten, 1977 war er dem Tode nahe, und nur alarmierende Berichte in westeuropäischen und amerikanischen Zeitungen konnten bewirken, daß er ins Krankenhaus kam und schließlich im November 1977 amnestiert wurde. Kurz danach konnte er zu Vortragsreisen in Westeuropa und USA ausreisen.

CZESŁAW MIŁOSZ, 1911 in Litauen geboren, Lyriker, Romancier und Essayist, gehörte in seiner Jugend einer Autorengruppe an, die sich als Gegenbewegung zur »Krakauer Avantgarde« verstand und die im Unterschied zu deren Zivilisationsgläubigkeit eine apokalyptische Weltsicht formulierte; diese Gegenavantgarde nannte sich »die Katastrophisten«. Miłosz galt als ihr bedeutendster Poet. Nach den Jahren des Widerstands gegen die deutsche Okkupation war er Kulturattaché in Paris und Washington. Bereits 1951 brach er mit dem Kommunismus, dessen eigenartige Kraft der Versuchung für Intellektuelle er in seinem brillanten Essay »Verführtes Denken« analysierte. 1980, nach der Verleihung des Nobelpreises, wurde Miłosz von der polnischen Universität Lublin mit dem Ehrendoktor ausgezeichnet, und sein erster nach Jahren in Polen erschienener Gedichtband fand reißenden Absatz. Seit zwanzig Jahren lehrt Miłosz slawische Literatur an der Universität Berkeley in Kalifornien.

HELMUT SCHMIDT, geboren 1918 in Hamburg. Mitglied der SPD seit 1946. 1953 bis 1962 und seit 1965 Mitglied des Bundestages. 1961 bis 1965 Hamburger Innensenator. 1969 Bundesverteidigungsminister, 1972 Bundesfinanzminister und seit 1974 Bundeskanzler. Stellvertretender Parteivorsitzender der SPD seit 1968.

KARL AUGUST WITTFOGEL, geboren 1886 in Woltersdorf, galt in den zwanziger Jahren als einer der wichtigsten Theoretiker der KPD. Seine dramatischen Versuche und literaturkritischen Essays (in der »Linkskurve«) wie vor allem seine Arbeiten über die chinesische Entwicklung führten bald in Widerspruch zur dogmatischen Linie der KP, mit der er schon vor 1933 brach. Nach Hitlers Machtergreifung emigrierte Wittfogel, dessen Hauptwerk »Die orientalische Despotie« in zahlreichen Auflagen und Übersetzungen erschien, nach New York, wo er noch heute als Leiter des Chinese History Project an der Columbia University lebt. Seine Arbeiten haben u.a. Rudi Dutschke stark beeinflußt, dessen Buch »Versuch Lenin auf die Füße zu stellen« wesentlich auf Wittfogels Untersuchungen basiert.

Alphabetisches Gesamtverzeichnis der suhrkamp taschenbücher